Gestreifte Alpen

Traditionelle Muster für eine handgestrickte Decke

Striped Alps

Traditional Patterns for a Handknitted Blanket

Alexandra Weikert (Ed.)
Kristin Benecken
Claudia Hettig-Rupaner
Wiebke Lamer
Uschi Mückl

Copyright © 2022 Alexandra Weikert

ISBN 9783756240371

Herstellung und Verlag: BoD – Books on Demand, Norderstedt
http://www.bod.de
Satz/*Typesetting*: LuaLᴬTEX, Debian GNU/Linux

Inhaltsverzeichnis

1 Vorwort 1

2 Erklärungen 3

3 Muster 9

Tausendfüßler 10

Streifenwanzen und Schleier 12

Spitzweck-Tour 14

Rauten 18

Retteneggermodel 22

Pfauenspiegel 26

Querstreifen 28

Paulinarand 30

Pantoffeltour 32

Luditz 34

Korinthische Säulen 38

Jungfernkranz 42

Floras Gaben 44

Durchbrochene Pattentour 48

Blumenstrauß 50

Dreiecke 52

Belladonna 56

Klettersteig 60

Große Silberschlange 62

Literaturverzeichnis 67

Contents

1 **Preface**   **1**

2 **Explanations**   **3**

3 **Patterns**   **9**
   Millipede 10
   Bugs and Veil 12
   Spitzweck Triangles 16
   Diamonds 20
   Model from Rettenegg 24
   Peacock turning a wheel 26
   Horizontal Stripes 28
   Paulina pattern 30
   Slipper Imprint 32
   Luditz 36
   Corinthian columns 40
   Maiden Wreath 42
   Flora's Gifts 46
   Feathers 48
   Flower Bouquet 50
   Triangles 54
   Belladonna 58
   Via Ferrata 60
   Large Silver Serpent 64

References   **67**

Vorwort
Preface

Seit Jahren stricken wir Quadrate für Gemeinschaftsdecken, und so entstand die Idee, daß wir die Liebe zu traditionellen Mustern und Decken verbinden.

Vor 14 Jahren haben wir ein erstes Buch veröffentlicht, *Alpen im Quadrat*, mit Anleitungen für 30 unterschiedliche Quadrate für eine Decke.

Obwohl es so lange gedauert hat, das zweite Buch fertigzustellen, haben wir beschlossen es nichtsdestotrotz zu veröffentlichen, da es nichts Vergleichbares auf dem Buchmarkt zu geben scheint.

Für dieses Buch haben wir 19 verschiedene, überwiegend süddeutsche Muster für die vorliegende Decke ausgesucht und teilweise überarbeitet, diesmal allerdings in Streifen, anstatt von Quadraten. Aufgrund der Nähe zu den Alpen ist der Titel *Gestreifte Alpen* entstanden.

Allerdings brauchte es knapp 15 Jahre, ehe ich die Streifen zu einer Decke zusammengefügt habe. Als wir fast alle Streifen zusammen hatten, ist das erste Mal aufgefallen, daß sie nicht alle dieselbe Farbe haben, obwohl ich extra eine große Menge Garn dafür eingekauft hatte.

Daher lagerten die Streifen in einer großen Tasche und wurden von Zeit zu Zeit bewundert, aber auch bedauert, weil so viel Arbeit darin steckt.

Letztlich habe ich versucht, die Streifen mehrfach nach Farbschattierung zu sortieren und habe zwei Decken daraus gemacht, da alle Streifen für eine doch etwas zuviel waren. Und ich habe meinen Frieden mit den nicht ganz unmerklichen Farbunterschieden gemacht.

Natürlich kannst Du alle Streifen stricken oder einige für eine kleinere und vielleicht auch kürzere Decke auswählen. Und natürlich kannst Du Dir die Muster auswählen, welche Dir am besten gefallen.

For years now we were knitting squares and assemble them as blankets for raffles, so the idea came up that we could combine our love for traditonal patterns and blankets.

Fourteen years ago we published a first book with 30 different squares, called *Squared Alps*.

Even though it took us so long to finish the second book, we decided to publish it anyhow as there seems to be nothing comparable on the market.

This time we knitted 19 different stripes with original and adapted patterns mostly from southern Germany for this blanket. As southern Germany is close to the Alps we came up with the title *Striped Alps*.

However it took me almost 15 years to assemble the stripes into a blanket. When all the stripes were (almost) finished we noticed for the first time that they do not all have the same colour, even though I had bought a large batch of the yarn in one colour.

So the stripes sat in a huge bag, to be admired from time to time, and pitied, as so much work had gone into them.

Eventually I tried several times to sort them by shade before I assembled them into two blankets, as all stripes would have been too much for one blanket only. And came to terms with the (not so subtle) colour discrepancies.

Of course you can choose to knit all stripes or just some for a smaller and perhaps shorter blanket. And of course the selection of patterns is yours.

Wir haben die Streifen aus vierfachem Kammgarn gestrickt. Es sollte allerdings möglich sein die Decke mit einem beliebigen anderen Garn und Stricknadeln in entsprechender Stärke zu stricken. Die Anzahl der Reihen muß gegebenenfalls angepasst werden.

Wir können nur hoffen, daß wir keine Fehler übersehen haben. Falls doch, bitten wir um eine kurze Nachricht an `alexandra@webknoten.net`.

Viel Spaß beim Stricken
Alexandra Weikert

We knitted our stripes with a four-ply worsted yarn. It should not be a problem to knit the blanket with any other yarn and needles in the correct size. Possibly the amount of rows needs to be amended.

We thoroughly tested the instructions and patterns, and now we can only hope that we did find every fault. If this is not the case, please send us a note to `alexandra@webknoten.net`.

Have much fun knitting
Alexandra Weikert

Erklärungen
Explanations

Doppelte Randmaschen

Für beide Ränder an den Streifen sind je zwei Maschen vorgesehen. Diese insgesamt 4 Maschen sind bei der Gesamtzahl der Maschen angegeben, werden bei den Anleitungen für die Streifen aber nicht gesondert erwähnt.

Am Anfang der Reihe den Faden nach vorne legen und die erste Masche wie zum Linksstricken abheben, den Faden wieder nach hinten legen und die zweite Masche rechts stricken. Dann das Muster wie angegeben bis zu den letzten zwei Maschen stricken. Den Faden wieder vor die Arbeit legen und die vorletzte Masche wie zum Linksstricken abheben, dann den Faden wieder nach hinten legen und die letzte Masche rechts abstricken.

Die Randmaschen sind bei der angegebenen Maschenanzahl enthalten. Wenn der Rand anders gestaltet werden soll, muß die Maschenanzahl entsprechend angepasst werden.

Double stockinette stitches

For both edges of the stripes two stitches each are used. These 4 stitches in total are included in the given number of stitches, but the double stockinette stitches are not mentioned specifically in the instructions for the stripes.

For the first stitch of the row bring the yarn foward, slip stitch, knit 1. Then knit the pattern as indicated up to the last two stitches. Again bring the yarn forward, slip next stitch, knit 1.

The edge stitches are included in the given amount of stitches. If you want to knit a different edge, please amend the number of stitches.

Zwischenreihen

Bei den Mustern, bei denen *Zwischenreihen* angegeben sind, werden nur die Hinreihen auf der rechten Seite im Zählmuster gezeigt. Die Hinreihen werden von rechts nach links gelesen. In der Rückreihe werden die Maschen gestrickt wie sie erscheinen. Umschläge werden links abgestrickt.

Right side only

Patterns stating *Right side only* just the stitches of the right side are shown in the chart. Read from right to left. On the wrong side the stitches are knitted like they appear. Purl yarn overs.

Hin- und Rückreihen

Bei Mustern mit der Angabe *Hin- und Rückreihen* sind alle zu strickenden Reihen in der Zählanleitung angegeben. Die Hinreihen werden von rechts nach links gelesen, die Rückreihen von links nach rechts.

Right and wrong side rows

Patterns stating *Right and wrong side rows* show all the rows of the pattern. Read right side rows from right to left, wrong side rows from left to right.

Schwierigkeitsgrade

Wir haben die Muster für die Quadrate in drei Kategorien eingeteilt.

Anfänger: Das Muster enthält nur einfache Maschenkombinationen auf beiden Seiten der Strickarbeit.

Geübte Stricker: Die Maschenkombinationen umfassen auch Zu- und Abnahmen, sowie Umschläge, auf der Vorderseite des Musters.

Erfahrene Stricker: Die Maschenkombinationen umfassen auch Zu- und Abnahmen, sowie Umschläge, auf beiden Seiten des Musters.

Zusammenfügen

Alle Streifen sind auf Länge gestrickt, die Fäden vernäht, gewaschen und gespannt, ehe sie zusammengenäht werden.

Lege die Streifen in der gewünschten Reihenfolge nebeneinander. Du kannst sie zusammennähen oder -häkeln.

Wenn alle Streifen zusammengefügt sind, kannst Du nacheinander den Rand an die Decke anstricken. Ich habe bei der einen Decke erst an den Seiten alle Maschen aufgenommen und jeweils einen kraus rechten Rand angestrickt, ehe ich oben und unten dasselbe gemacht habe. Bei der anderen Decke habe ich den Rand in kurzen Reihen quer angestrickt, mit Ecken in verkürzten Reihen.

Level of difficulty

We classified the patterns for the squares in three categories.

Beginner: The pattern just contains easy stitch combinations on both sides of the knitting.

Intermediate knitter: The stitch combinations include all kinds of increases, decreases and yarn overs on the right side of the pattern.

Experienced knitter: The stitch combinations include all kinds of increases, decreases and yarn overs on both sides of the pattern.

Assembly

All stripes are knitted to length, ends sewn in, washed and blocked before sewing.

Lay out the stripes in the desired order. Stitch or crochet them together.

When the stripes are all assembled you can knit a frame onto the borders. For one blanket I picked up the stitches of the long sides each and knitted a garter stitch border, before I picked up and knitted the stitches on the bottom and top. For the other blanket I used short rows to knit the border at right angle with short rows for the corners.

Garnbedarf

Die Originaldecke haben wir aus 4-fachem Kammgarn mit einer Lauflänge von 150 m/100 g gestrickt. Die Streifen sind alle 200 cm lang und wiegen zwischen 200 und 400 g, je nach Breite.

Natürlich kannst Du alle Streifen stricken oder einige für eine kleinere und vielleicht auch kürzere Decke auswählen. Und natürlich kannst Du Dir die Muster auswählen, welche Dir am besten gefallen.

Die schmalere Decke ist 140 cm breit und 205 cm lang und wiegt etwa 2.430 g, und die breitere Decke ist 175 cm breit und 205 cm lang und wiegt etwa 3.020 g.

Als wir mit diesem Gemeinschaftsprojekt angefangen haben, hat jede von uns ihre Streifen mit vierfachem Kammgarn gestrickt.

Es sollte allerdings möglich sein, die Decke mit einem beliebigen anderen Garn und Stricknadeln in entsprechender Stärke zu stricken. Die Anzahl der Reihen muß gegebenenfalls angepasst werden.

Wir haben versucht die Anleitungen der einzelnen Streifen auf einer Doppelseite, in Deutsch und Englisch gemeinsam, unterzubringen, damit das Bild, die Strickschrift, die Anleitung für den Streifen und die ausgeschriebene Strickanleitung für das spezielle Muster auf einen Blick zu sehen ist.

Das ist zwar bei den meisten Streifen gelungen, bei einigen haben wir die komplette Anleitung für einen Streifen pro Sprache auf einer Doppelseite untergebracht.

Viel Spaß beim Stricken
Alexandra Weikert

Yarn requirements

We knitted the original blanket with 4-ply worsted yarn with a yardage of 150 m/100 g. The finished stripes are 200 cms long and weigh between 200 and 400 gms each.

Of course you can choose to knit all stripes or choose some for a smaller and perhaps shorter blanket. And of course the selection of patterns is yours.

One blanket is 175 cm wide and 205 cm long, and weighs about 3.020 g, while the other is 140 cm wide and 205 cm long and weighs about 2.430 g

When we started with our joint project, every one of us knitted the stripes with a four-ply worsted yarn.

It should not be a problem to knit the blanket with any other yarn and needles in the correct size. Possibly the amount of rows need to be amended.

We placed all intructions for every stripe onto a double page, in German and English together, so that the picture, the graph, the instruction for the stripe and the written pattern can be seen at one glance.

It worked out for most of the stripes, but with some we had to split up the instructions each language on a seperate double page.

Have much fun knitting
Alexandra Weikert

Zählanleitungen

Symbol	Kurzschrift	Beschreibung
■	M re	rechte Masche(n)
□	M li	linke Masche(n)
◆	M re vs	verschränkte rechte Masche(n)
◇	M li vs	links verschränkte Masche(n)
∩	U	Umschlag/Umschläge
◢	2 M re zus	2 Maschen rechts zusammenstricken
◤	2 M re üz zus	2 Maschen rechts überzogen zusammenstricken
◸	2 M li zus	2 Maschen links zusammenstricken
◹	2 M li üz zus	2 Maschen links überzogen zusammenstricken, d.h. zwei Maschen wie zum Rechtsstricken abheben, auf die linke Nadel zurückheben und verschränkt zusammenstricken (von links nach rechts durch die hinteren Maschenteile einstechen)
◺	2 M li vs zus	2 Maschen links verschränkt zusammenstricken, dazu von links nach rechts hinten durch die Maschen einstechen und beide Maschen zusammen links abstricken
◿	2 M li vs üz zus	2 Maschen links verschränkt überzogen zusammenstricken, d.h. zwei Maschen wie zum Rechtsstricken abheben, auf die linke Nadel zurückheben und links zusammenstricken
◢	2 M re vs zus	2 Maschen rechts verschränkt zusammenstricken, d.h. zwei Maschen wie zum Rechtsstricken abheben, auf die linke Nadel zurückheben und rechts zusammenstricken
◣	2 M re vs üz zus	2 Maschen rechts verschränkt überzogen zusammenstricken, d.h. von rechts nach links durch die nächsten zwei Maschen einstechen und rechts zusammenstricken
◢	3 M re zus	3 Maschen rechts zusammenstricken
◤	3 M re üz zus	3 Maschen rechts überzogen zusammenstricken, d.h. zwei Maschen wie zum Rechtsstricken abheben, die dritte Masche rechts stricken, die zwei abgehobenen Maschen über die gestrickte darüberziehen
⋀	3 M üz zus	3 Maschen überzogen zusammenstricken, d.h. eine Masche wie zum Rechtsstricken abheben, die nächsten zwei Maschen rechts zusammenstricken, die abgehobene Masche darüberziehen
▲	3 M re mittig üz zus	3 Maschen mittig überzogen rechts zusammenstricken, d.h. zwei Maschen zusammen wie zum rechts Zusammenstricken abheben, die dritte Masche rechts stricken, die zwei abgehobenen Maschen darüberziehen
4 × ■		4 M re aus den Umschlägen der vier vorangegangenen Reihen gemeinsam herausstricken
|	*	Wiederholungszeichen – Strickschrift zwischen den zwei Zeichen wiederholen
◸	3 M li zus str	3 Maschen links zusammenstricken, d.h. von rechts nach links durch die nächsten drei Maschen einstechen und links zusammenstricken

Charts

Symbol	Notation	Description
■	k	knit stitch(es)
□	p	purl stich(es)
◆	ktbl	knit through the back loop
◇	ptbl	purl through the back loop
⌒	yo	yarn over(s)
◢	k2tog	knit two stitches together
◣	sl1 k1 psso	slip one, knit one, pass slip stitch over the knit stitch
◿	p2tog	purl two stitches together
◺	sl1 sl1 ptbl	slip two stitches knitwise, return them to the left hand needle, purl the two stitches together through the back loop
◺	p2togtbl	purl two stitches together through the back loop
◿	sl1 sl1 p	slip two stitches knitwise, return them to the left hand needle, purl the two stitches together
◢	sl1 sl1 k	slip two stitches knitwise, return them to the left hand needle, knit the two stitches together
◣	k2togtbl	knit two stitches together through the back loop
◢	k3tog	knit three stitches together
◣	sl1 sl1 k1 p2sso	slip two stitches knitwise, knit third stitch, pass two slip stitches over the knit stitch
⋔	sl k2tog psso	slip one, knit two stitches together, pass slip stitch over
▲	sl2tog k1 p2sso	slip two stitches together knitwise, knit third stitch, pass two slipped stitches over
4 × ■		k4 from the yos of the 4 rows below
|	*	repeat mark – repeat pattern in between the two marks
◿	p3tog	purl three stitches together

Muster
Patterns

Tausendfüßler   Millipede

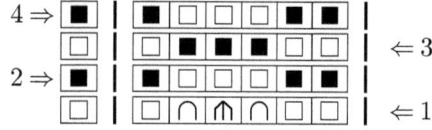

Hin- und Rückreihen. *Right and wrong side rows.*

Allgemeines

Entwurf und Ausführung von Alexandra.
Für Anfänger.
17 Maschen mit Nadelstärke 4,0 anschlagen.

Strickanleitung Streifen

Reihe 0: 2 M re, 3 M li, 3 M re, 3 M li, 2 M re,
ab Reihe 1: 13 Maschen im Muster stricken
Reihe 473: alle Maschen im Muster abketten

Strickanleitung Tausendfüßler

Reihe 1: * 2 M li, 1 U, 3 M üz zus, 1 U, 1 M li, * 1 M li,
Reihe 2: 1 M re, * 1 M re, 3 M li, 2 M re, *
Reihe 3: * 2 M li, 3 M re, 1 M li, * 1 M li,
Reihe 4: 1 M re, * 1 M re, 3 M li, 2 M re, *

General information

Design and realisation by Alexandra.
For beginners.
Cast on 17 stitches with needle size 4.0 mm.

Knitting instruction for stripe

Row 0: k2, p3, k3, p3, k2
from row 1: work 13 stitches within pattern
Row 473: cast off within stitch pattern

Knitting instruction for Millipede

Row 1: * p2, yo, sl k2tog psso, yo, p1, * p1,
Row 2: k1, * k1, p3, k2, *
Row 3: * p2, k3, p1, * p1,
Row 4: k1, * k1, p3, k2, *

Streifenwanzen und Schleier   Bugs and Veil

Zwischenreihen. *Right side only.*

Allgemeines

Entwurf und Ausführung von Kristin.
Für geübte Stricker.
44 Maschen mit Nadelstärke 4,5 anschlagen.

Strickanleitung Streifen

Reihe 0: 2 M re, 2 M li, 2 M re, 2x (4 M li, 3 M re, 4 M li, 2 M re, 2 M li, 2 M re)
ab Reihe 1: 40 Maschen im Muster stricken
Reihe 417: alle Maschen im Muster abketten

Strickanleitung Streifenwanzen und Schleier

Reihe 1: * 1 M li, 1 U, 2 M re zus, 1 U, 2 M li, 3 M re, 2 M re zus, 1 U, 1 M re, 1 U, 2 M re üz zus, 3 M re, * 2 M li, 2 M re zus, 1 U, 2 M li,
Reihe 3: * 2 M li, 1 U, 2 M re zus, 2 M li, 2 M re, 2 M re zus, 1 U, 3 M re, 1 U, 2 M re üz zus, 2 M re, * 2 M li, 1 U, 2 M re zus, 2 M li,
Reihe 5: * 1 M li, 1 U, 2 M re zus, 1 U, 2 M li, 1 M re, 2 M re zus, 1 U, 5 M re, 1 U, 2 M re üz zus, 1 M re, * 2 M li, 2 M re zus, 1 U, 2 M li,
Reihe 7: * 2 M li, 1 U, 2 M re zus, 2 M li, 2 M re zus, 1 U, 3 M re, 1 U, 2 M re zus, 2 M re, 1 U, 2 M re üz zus, * 2 M li, 1 U, 2 M re zus, 2 M li,
Reihe 9: * 1 M li, 1 U, 2 M re zus, 1 U, 2 M li, 1 M re, 1 U, 2 M re üz zus, 5 M re, 2 M re zus, 1 U, 1 M re, * 2 M li, 2 M re zus, 1 U, 2 M li,
Reihe 11: * 2 M li, 1 U, 2 M re zus, 2 M li, 2 M re, 1 U, 2 M re üz zus, 3 M re, 2 M re zus, 1 U, 2 M re, * 2 M li, 1 U, 2 M re zus, 2 M li,
Reihe 13: * 1 M li, 1 U, 2 M re zus, 1 U, 2 M li, 3 M re, 1 U, 2 M re üz zus, 1 M re, 2 M re zus, 1 U, 3 M re, * 2 M li, 2 M re zus, 1 U, 2 M li,
Reihe 15: * 2 M li, 1 U, 2 M re zus, 2 M li, 4 M re, 1 U, 3 M üz zus, 1 U, 4 M re, * 2 M li, 1 U, 2 M re zus, 2 M li,

---

General information

Design and realisation by Kristin.
For intermediate knitters.
Cast on 44 stitches with needle size 4.5 mm.

Knitting instruction for stripe

Row 0: k2, p2, k2, 2x (p4, k3, p4, k2, p2, k2)
from row 1: work 40 stitches within pattern
Row 417: cast off within stitch pattern

Knitting instruction for Bugs and Veil

Row 1: * p1, yo, k2tog, yo, p2, k3, k2tog, yo, k1, yo, sl1 k1 psso, k3, * p2, k2tog, yo, p2,
Row 3: * p2, yo, k2tog, p2, k2, k2tog, yo, k3, yo, sl1 k1 psso, k2, * p2, yo, k2tog, p2,
Row 5: * p1, yo, k2tog, yo, p2, k1, k2tog, yo, k5, yo, sl1 k1 psso, k1, * p2, k2tog, yo, p2,
Row 7: * p2, yo, k2tog, p2, k2tog, yo, k3, yo, k2tog, k2, yo, sl1 k1 psso, * p2, yo, k2tog, p2,
Row 9: * p1, yo, k2tog, yo, p2, k1, yo, sl1 k1 psso, k5, k2tog, yo, k1, * p2, k2tog, yo, p2,
Row 11: * p2, yo, k2tog, p2, k2, yo, sl1 k1 psso, k3, k2tog, yo, k2, * p2, yo, k2tog, p2,
Row 13: * p1, yo, k2tog, yo, p2, k3, yo, sl1 k1 psso, k1, k2tog, yo, k3, * p2, k2tog, yo, p2,
Row 15: * p2, yo, k2tog, p2, k4, yo, sl k2tog psso, yo, k4, * p2, yo, k2tog, p2,

Spitzweck-Tour

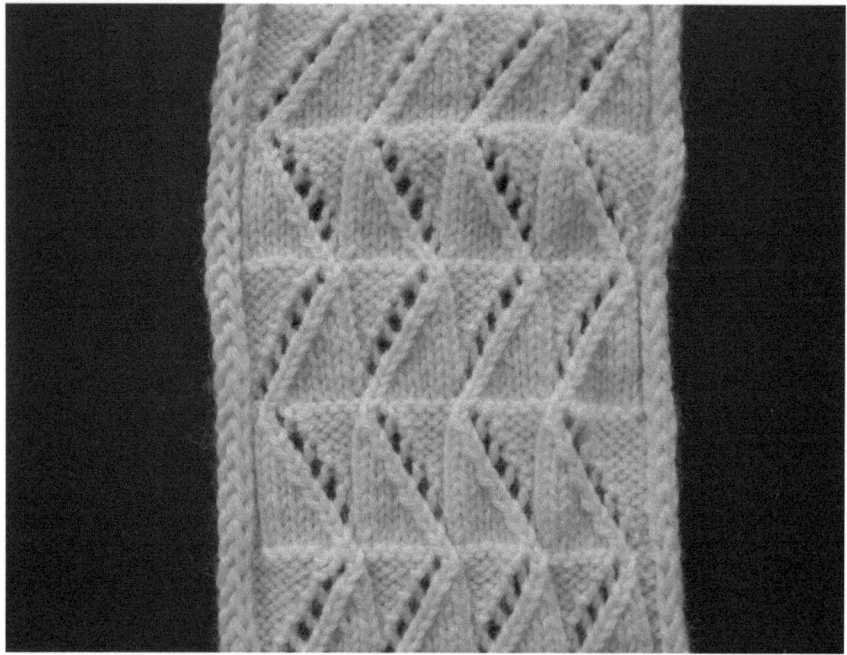

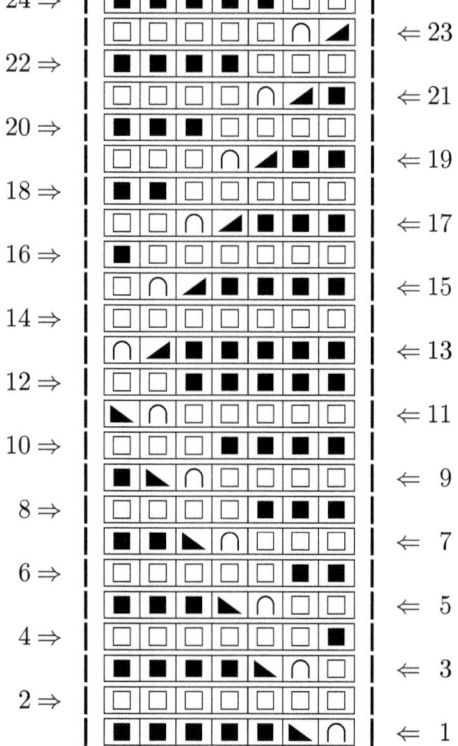

Hin- und Rückreihen.

Allgemeines

Entwurf und Ausführung von Alexandra.
Für geübte Stricker.
36 Maschen mit Nadelstärke 4,0 anschlagen.

Strickanleitung Streifen

Reihe 0: 2 M re, 28 M li, 2 M re,
ungerade Reihen: 2 M li, 28 Maschen im Muster stricken, 2 M li,
gerade Reihen: 2 M re, 28 Maschen im Muster stricken, 2 M re,
Reihe 553: alle Maschen im Muster abketten

Strickanleitung Spitzweck-Tour

Reihe 1: * 1 U, 2 M re üz zus, 5 M re, *
Reihe 2: * 7 M li, *
Reihe 3: * 1 M li, 1 U, 2 M re üz zus, 4 M re, *
Reihe 4: * 6 M li, 1 M re, *
Reihe 5: * 2 M li, 1 U, 2 M re üz zus, 3 M re, *
Reihe 6: * 5 M li, 2 M re, *
Reihe 7: * 3 M li, 1 U, 2 M re üz zus, 2 M re, *
Reihe 8: * 4 M li, 3 M re, *
Reihe 9: * 4 M li, 1 U, 2 M re üz zus, 1 M re, *
Reihe 10: * 3 M li, 4 M re, *
Reihe 11: * 5 M li, 1 U, 2 M re üz zus, *
Reihe 12: * 2 M li, 5 M re, *
Reihe 13: * 5 M re, 2 M re zus, 1 U, *
Reihe 14: * 7 M li, *
Reihe 15: * 4 M re, 2 M re zus, 1 U, 1 M li, *
Reihe 16: * 1 M re, 6 M li, *
Reihe 17: * 3 M re, 2 M re zus, 1 U, 2 M li, *
Reihe 18: * 2 M re, 5 M li, *
Reihe 19: * 2 M re, 2 M re zus, 1 U, 3 M li, *
Reihe 20: * 3 M re, 4 M li, *
Reihe 21: * 1 M re, 2 M re zus, 1 U, 4 M li, *
Reihe 22: * 4 M re, 3 M li, *
Reihe 23: * 2 M re zus, 1 U, 5 M li, *
Reihe 24: * 5 M re, 2 M li, *

Spitzweck Triangles

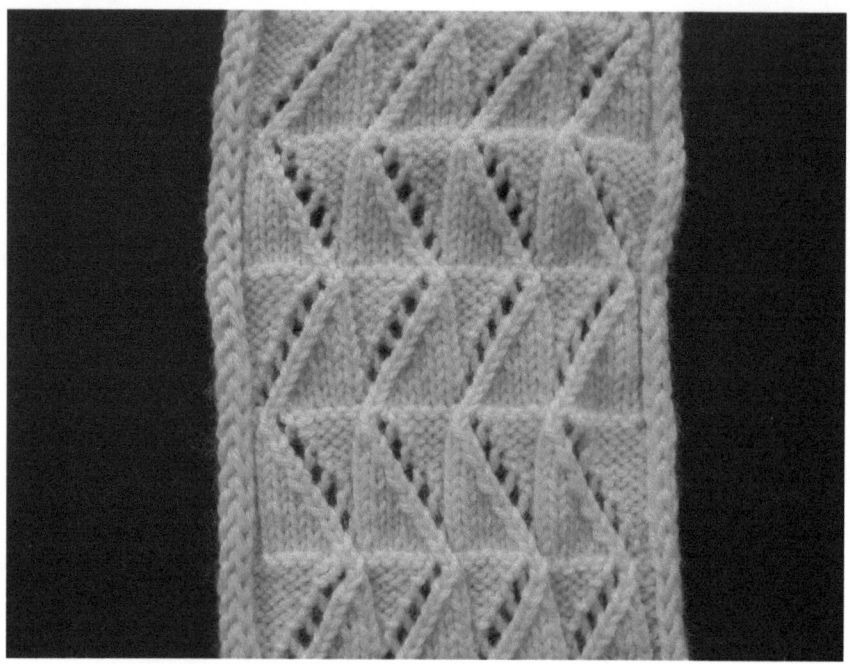

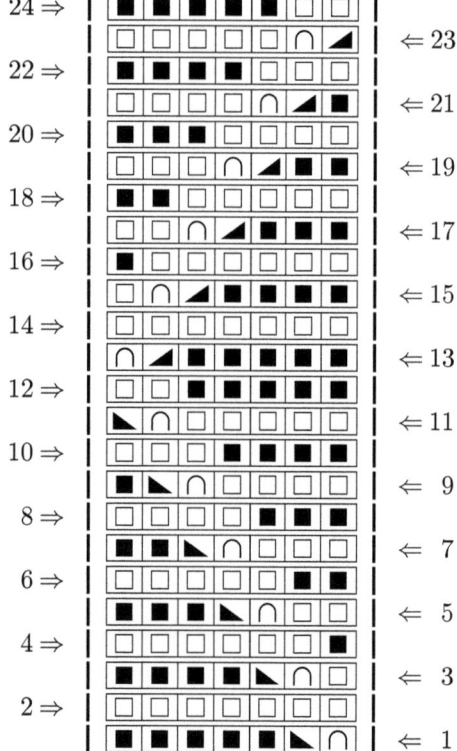

Right and wrong side rows.

General information

Design and realisation by Alexandra.
For intermediate knitters.
Cast on 36 stitches with needle size 4.0 mm.

Knitting instruction for stripe

Row 0: 2k, 28p, 2k
Odd rows: p2, work 28 stitches within pattern, p2,
Even rows: k2, work 28 stitches within pattern, k2,
Row 553: cast off within stitch pattern

Knitting instruction for Spitzweck Triangles

Row 1:   * yo, sl1 k1 psso, k5, *
Row 2:   * p7, *
Row 3:   * p1, yo, sl1 k1 psso, k4, *
Row 4:   * p6, k1, *
Row 5:   * p2, yo, sl1 k1 psso, k3, *
Row 6:   * p5, k2, *
Row 7:   * p3, yo, sl1 k1 psso, k2, *
Row 8:   * p4, k3, *
Row 9:   * p4, yo, sl1 k1 psso, k1, *
Row 10: * p3, k4, *
Row 11: * p5, yo, sl1 k1 psso, *
Row 12: * p2, k5, *
Row 13: * k5, k2tog, yo, *
Row 14: * p7, *
Row 15: * k4, k2tog, yo, p1, *
Row 16: * k1, p6, *
Row 17: * k3, k2tog, yo, p2, *
Row 18: * k2, p5, *
Row 19: * k2, k2tog, yo, p3, *
Row 20: * k3, p4, *
Row 21: * k1, k2tog, yo, p4, *
Row 22: * k4, p3, *
Row 23: * k2tog, yo, p5, *
Row 24: * k5, p2, *

Rauten

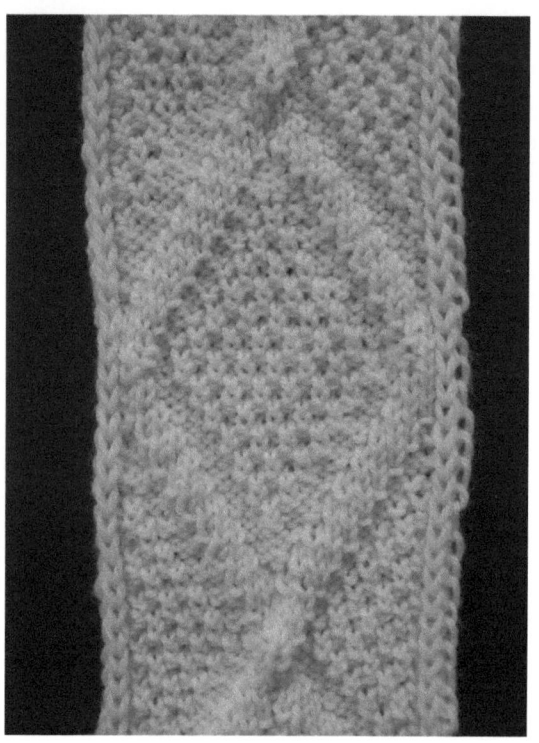

Zwischenreihen.

Allgemeines

Entwurf und Ausführung von Uschi.
Für Anfänger.
25 Maschen mit Nadelstärke 4,5 anschlagen.

Strickanleitung Streifen

Reihe 0: 3x (1 M re, 1 M li), 3 M re, 3 M li, 3 M re, 3x (1 M li, 1 M re)
ab Reihe 1: 21 Maschen im Muster stricken
Reihe 505: alle Maschen im Muster abketten

Strickanleitung Rauten

Reihe 1:   * 3x (1 M re vs, 1 M li), 1 M re vs, 3 M li, 1 M re, 3 M li, 3x (1 M re vs, 1 M li), * 1 M re vs,
Reihe 3:   * 3x (1 M li, 1 M re vs), 3 M li, 3 M re, 3 M li, 2x (1 M re vs, 1 M li), 1 M re vs, * 1 M li,
Reihe 5:   * 2x (1 M re vs, 1 M li), 1 M re vs, 3 M li, 5 M re, 3 M li, 2x (1 M re vs, 1 M li), * 1 M re vs,
Reihe 7:   * 2x (1 M li, 1 M re vs), 3 M li, 3 M re, 1 M li, 3 M re, 3 M li, 1 M re vs, 1 M li, 1 M re vs, * 1 M li,
Reihe 9:   * 1 M re vs, 1 M li, 1 M re vs, 3 M li, 3 M re, 3 M li, 3 M re, 3 M li, 1 M re vs, 1 M li, * 1 M re vs,
Reihe 11:   * 1 M li, 1 M re vs, 3 M li, 3 M re, 5 M li, 3 M re, 3 M li, 1 M re vs, * 1 M li,
Reihe 13:   * 1 M re vs, 3 M li, 3 M re, 3 M li, 1 M re vs, 3 M li, 3 M re, 3 M li, * 1 M re vs,
Reihe 15:   * 3 M li, 3 M re, 3 M li, 1 M re vs, 1 M li, 1 M re vs, 3 M li, 3 M re, 2 M li, * 1 M li,
Reihe 17:   * 2 M li, 3 M re, 3 M li, 2x (1 M re vs, 1 M li), 1 M re vs, 3 M li, 3 M re, 1 M li, * 1 M li,
Reihe 19:   * 1 M li, 3 M re, 3 M li, 3x (1 M re vs, 1 M li), 1 M re vs, 3 M li, 3 M re, * 1 M li,
Reihe 21:   * 3 M re, 3 M li, 4x (1 M re vs, 1 M li), 1 M re vs, 3 M li, 2 M re, * 1 M re,
Reihe 23:   * 2 M re, 3 M li, 5x (1 M re vs, 1 M li), 1 M re vs, 3 M li, 1 M re, * 1 M re,
Reihe 25:   * 1 M re, 3 M li, 6x (1 M re vs, 1 M li), 1 M re vs, 3 M li, * 1 M re,
Reihe 27:   * 2 M re, 3 M li, 5x (1 M re vs, 1 M li), 1 M re vs, 3 M li, 1 M re, * 1 M re,
Reihe 29:   * 3 M re, 3 M li, 4x (1 M re vs, 1 M li), 1 M re vs, 3 M li, 2 M re, * 1 M re,
Reihe 31:   * 1 M li, 3 M re, 3 M li, 3x (1 M re vs), 1 M li, 1 M re vs, 3 M li, 3 M re, * 1 M li,
Reihe 33:   * 2 M li, 3 M re, 3 M li, 2x (1 M re vs, 1 M li), 1 M re vs, 3 M li, 3 M re, 1 M li, * 1 M li,
Reihe 35:   * 3 M li, 3 M re, 3 M li, 1 M re vs, 1 M li, 1 M re vs, 3 M li, 3 M re, 2 M li, * 1 M li,
Reihe 37:   * 1 M re vs, 3 M li, 3 M re, 3 M li, 1 M re vs, 3 M li, 3 M re, 3 M li, * 1 M re vs,
Reihe 39:   * 1 M li, 1 M re vs, 3 M li, 3 M re, 5 M li, 3 M re, 3 M li, 1 M re vs, * 1 M li,
Reihe 41:   * 1 M re vs, 1 M li, 1 M re vs, 3 M li, 3 M re, 3 M li, 3 M re, 3 M li, 1 M re vs, 1 M li, * 1 M re vs,
Reihe 43:   * 2x (1 M li, 1 M re vs), 3 M li, 3 M re, 1 M li, 3 M re, 3 M li, 1 M re vs, 1 M li, 1 M re vs, * 1 M li,
Reihe 45:   * 2x (1 M re vs, 1 M li), 1 M re vs, 3 M li, 5 M re, 3 M li, 2x (1 M re vs, 1 M li), * 1 M re vs,
Reihe 47:   * 3x (1 M li, 1 M re vs), 3 M li, 3 M re, 3 M li, 2x (1 M re vs, 1 M li), 1 M re vs, * 1 M li,

Diamonds

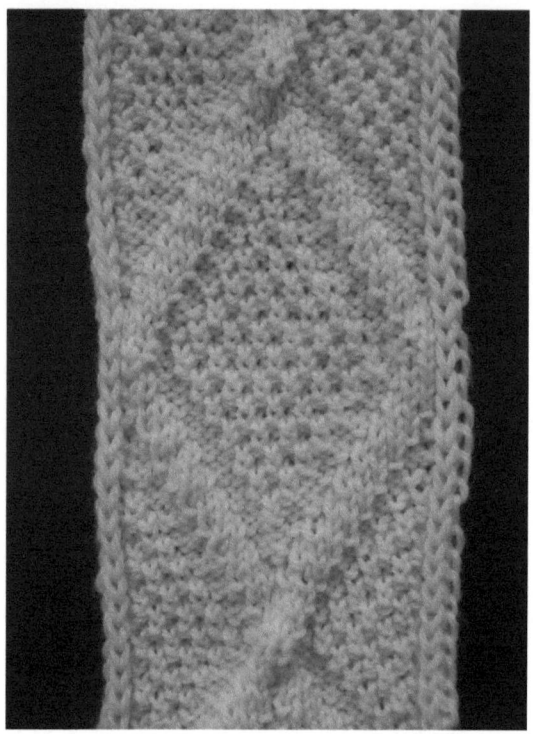

Right side only.

General information

Design and realisation by Uschi.
For beginners.
Cast on 25 stitches with needle size 4.5 mm.

Knitting instruction for stripe

Row 0: 3x (k1, p1), k3, p3, k3, 3x (p1, k1)
from row 1: work 21 stitches within pattern
Row 505: cast off within stitch pattern

Knitting instruction for Diamonds

Row 1:   * 3x (k1tbl, p1), k1tbl, p3, k1, p3, 3x (k1tbl, p1), * k1tbl,
Row 3:   * 3x (p1, k1tbl), p3, k3, p3, 2x (k1tbl, p1), k1tbl, * p1,
Row 5:   * 2x (k1tbl, p1), k1tbl, p3, k5, p3, 2x (k1tbl, p1), * k1tbl,
Row 7:   * 2x (p1, k1tbl), p3, k3, p1, k3, p3, k1tbl, p1, k1tbl, * p1,
Row 9:   * k1tbl, p1, k1tbl, p3, k3, p3, k3, p3, k1tbl, p1, * k1tbl,
Row 11: * p1, k1tbl, p3, k3, p5, k3, p3, k1tbl, * p1,
Row 13: * k1tbl, p3, k3, p3, k1tbl, p3, k3, p3, * k1tbl,
Row 15: * p3, k3, p3, k1tbl, p1, k1tbl, p3, k3, p2, * p1,
Row 17: * p2, k3, p3, 2x (k1tbl, p1), k1tbl, p3, k3, p1, * p1,
Row 19: * p1, k3, p3, 3x (k1tbl, p1), k1tbl, p3, k3, * p1,
Row 21: * k3, p3, 4x (k1tbl, p1), k1tbl, p3, k2, * k1,
Row 23: * k2, p3, 5x (k1tbl, p1), k1tbl, p3, k1, * k1,
Row 25: * k1, p3, 6x (k1tbl, p1), k1tbl, p3, * k1,
Row 27: * k2, p3, 5x (k1tbl, p1), k1tbl, p3, k1, * k1,
Row 29: * k3, p3, 4x (k1tbl, p1), k1tbl, p3, k2, * k1,
Row 31: * p1, k3, p3, 3x (k1tbl, p1), k1tbl, p3, k3, * p1,
Row 33: * p2, k3, p3, 2x (k1tbl, p1), k1tbl, p3, k3, p1, * p1,
Row 35: * p3, k3, p3, k1tbl, p1, k1tbl, p3, k3, p2, * p1,
Row 37: * k1tbl, p3, k3, p3, k1tbl, p3, k3, p3, * k1tbl,
Row 39: * p1, k1tbl, p3, k3, p5, k3, p3, k1tbl, * p1,
Row 41: * k1tbl, p1, k1tbl, p3, k3, p3, k3, p3, k1tbl, p1, * k1tbl,
Row 43: * 2x (p1, k1tbl), p3, k3, p1, k3, p3, k1tbl, p1, k1tbl, * p1,
Row 45: * 2x (k1tbl, p1), k1tbl, p3, k5, p3, 2x (k1tbl, p1), * k1tbl,
Row 47: * 2x (p1, k1tbl), p1, k1tbl, p3, k3, p3, 2x (k1tbl, p1), k1tbl, * p1,

Retteneggermodel

Hin- und Rückreihen.

Allgemeines

Entwurf und Ausführung von Claudia.
Für geübte Stricker.
37 Maschen mit Nadelstärke 4,0 anschlagen.

Strickanleitung Streifen

Reihe 0: 4 M li, 11 M re, 3 M li, 11 M re, 4 M li,
ab Reihe 1: 33 Maschen im Muster stricken
Reihe 529: alle Maschen im Muster abketten

Strickanleitung Retteneggermodel

Reihe 1: 2 M li, * 1 M re, 1 U, 3 M re, 2 M re zus, 3 M li, 2 M re üz zus, 3 M re, 1 U, * 3 M li,
Reihe 2: 3 M re, * 5 M li, 3 M re, 6 M li, * 2 M re,
Reihe 3: 2 M li, * 2 M re, 1 U, 2 M re, 2 M re zus, 3 M li, 2 M re üz zus, 2 M re, 1 U, 1 M re, * 3 M li,
Reihe 4: 3 M re, * 5 M li, 3 M re, 6 M li, * 2 M re,
Reihe 5: 2 M li, * 3 M re, 1 U, 1 M re, 2 M re zus, 3 M li, 2 M re üz zus, 1 M re, 1 U, 2 M re, * 3 M li,
Reihe 6: 3 M re, * 5 M li, 3 M re, 6 M li, * 2 M re,
Reihe 7: 2 M li, * 4 M re, 1 U, 2 M re zus, 3 M li, 2 M re üz zus, 1 U, 3 M re, * 3 M li,
Reihe 8: 3 M re, * 5 M li, 3 M re, 6 M li, * 2 M re,
Reihe 9: 2 M li, * 2 M li, 2 M re üz zus, 3 M re, 1 U, 1 M re, 1 U, 3 M re, 2 M re zus, 1 M li, * 3 M li,
Reihe 10: 3 M re, * 1 M re, 11 M li, 2 M re, * 2 M re,
Reihe 11: 2 M li, * 2 M li, 2 M re üz zus, 2 M re, 1 U, 3 M re, 1 U, 2 M re, 2 M re zus, 1 M li, * 3 M li,
Reihe 12: 3 M re, * 1 M re, 11 M li, 2 M re, * 2 M re,
Reihe 13: 2 M li, * 2 M li, 2 M re üz zus, 1 M re, 1 U, 5 M re, 1 U, 1 M re, 2 M re zus, 1 M li, * 3 M li,
Reihe 14: 3 M re, * 1 M re, 11 M li, 2 M re, * 2 M re,
Reihe 15: 2 M li, * 2 M li, 2 M re üz zus, 1 U, 7 M re, 1 U, 2 M re zus, 1 M li, * 3 M li,
Reihe 16: 3 M re, * 1 M re, 11 M li, 2 M re, * 2 M re,

Model from Rettenegg

Right and wrong side rows.

General information

Design and realisation by Claudia.
For intermediate knitters.
Cast on 37 stitches with needle size 4.0 mm.

Knitting instruction for stripe

Row 0: p4, k11, p3, k11, p4
from row 1: work 33 stitches within pattern
Row 529: cast off within stitch pattern

Knitting instruction for Model from Rettenegg

Row 1: p2, * k1, yo, k3, k2tog, p3, sl1 k1 psso, k3, yo, * p3,
Row 2: k3, * p5, k3, p6, * k2,
Row 3: p2, * k2, yo, k2, k2tog, p3, sl1 k1 psso, k2, yo, k1, * p3,
Row 4: k3, * p5, k3, p6, * k2,
Row 5: p2, * k3, yo, k1, k2tog, p3, sl1 k1 psso, k1, yo, k2, * p3,
Row 6: k3, * p5, k3, p6, * k2,
Row 7: p2, * k4, yo, k2tog, p3, sl1 k1 psso, yo, k3, * p3,
Row 8: k3, * p5, k3, p6, * k2,
Row 9: p2, * p2, sl1 k1 psso, k3, yo, k1, yo, k3, k2tog, p1, * p3,
Row 10: k3, * k1, p11, k2, * k2,
Row 11: p2, * p2, sl1 k1 psso, k2, yo, k3, yo, k2, k2tog, p1, * p3,
Row 12: k3, * k1, p11, k2, * k2,
Row 13: p2, * p2, sl1 k1 psso, k1, yo, k5, yo, k1, k2tog, p1, * p3,
Row 14: k3, * k1, p11, k2, * k2,
Row 15: p2, * p2, sl1 k1 psso, yo, k7, yo, k2tog, p1, * p3,
Row 16: k3, * k1, p11, k2, * k2,

Pfauenspiegel   Peacock turning a wheel

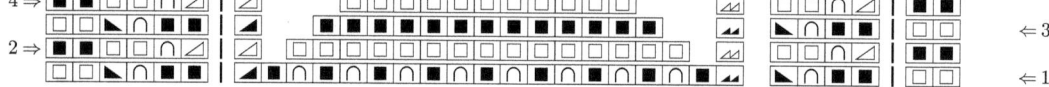

Hin- und Rückreihen. *Right and wrong side rows.*

Allgemeines

Entwurf und Ausführung von Alexandra.
Für geübte Stricker.
29 Maschen mit Nadelstärke 4,0 anschlagen.

Strickanleitung Streifen

Reihe 0: 25 M li
ab Reihe 1: 25 Maschen im Muster stricken
Reihe 461: alle Maschen im Muster abketten

Strickanleitung Pfauenspiegel

Reihe 1: 2 M li, * 2 M re, 1 U, 2 M re üz zus, 2 M re vs zus, 1 M re, 1 U, 1 M re, 1 U, 1 M re, 1 U, 1 M re, 1 U, 1 M re, 1 U, 1 M re, 1 U, 1 M re, 1 U, 1 M re, 1 U, 1 M re, 2 M re zus, * 2 M re, 1 U, 2 M re üz zus, 2 M li,
Reihe 2: 2 M re, 2 M li, 1 U, 2 M li zus, * 2 M li zus, 15 M li, 2 M li vs üz zus, 2 M li, 1 U, 2 M li zus, * 2 M re,
Reihe 3: 2 M li, * 2 M re, 1 U, 2 M re üz zus, 2 M re vs zus, 13 M re, 2 M re zus, * 2 M re, 1 U, 2 M re üz zus, 2 M li,
Reihe 4: 2 M re, 2 M li, 1 U, 2 M li zus, * 2 M li zus, 11 M li, 2 M li vs üz zus, 2 M li, 1 U, 2 M li zus, * 2 M re,

---

General information

Design and realisation by Alexandra.
For intermediate knitters.
Cast on 29 stitches with needle size 4.0 mm.

Knitting instruction for stripe

Row 0: p25
from row 1: work 25 stitches within pattern
Row 461: cast off within stitch pattern

Knitting instruction for Peacock turning a wheel

Row 1: p2, * k2, yo, sl1 k1 psso, sl1 sl1 ktog, k1, yo, k1, yo, k1, yo, k1, yo, k1, yo, k1, yo, k1, yo, k1, yo, k1, k2tog, * k2, yo, sl1 k1 psso, p2,
Row 2: k2, p2, yo, p2tog, * p2tog, p15, sl1 sl1 ptog, p2, yo, p2tog, * k2,
Row 3: p2, * k2, yo, sl1 k1 psso, sl1 sl1 ktog, k13, k2tog, * k2, yo, sl1 k1 psso, p2,
Row 4: k2, p2, yo, p2tog, * p2tog, p11, sl1 sl1 ptog, p2, yo, p2tog, * k2,

Querstreifen   Horizontal Stripes

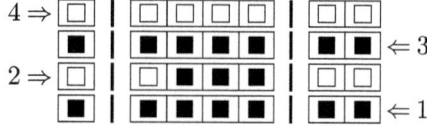

Hin- und Rückreihen. *Right and wrong side rows.*

Allgemeines

Entwurf und Ausführung von Uschi.
Für Anfänger.
27 Maschen mit Nadelstärke 4,5 anschlagen.

Strickanleitung Streifen

Reihe 0: 23 M li
ab Reihe 1: 23 Maschen im Muster stricken
Reihe 261: alle Maschen im Muster abketten

Strickanleitung Querstreifen

Reihe 1: 2 M re, * 4 M re, * 1 M re,
Reihe 2: 1 M li, * 1 M li, 3 M re, * 2 M li,
Reihe 3: 2 M re, * 4 M re, * 1 M re,
Reihe 4: 1 M li, * 4 M li, * 2 M li,

General information

Design and realisation by Uschi.
For beginners.
Cast on 27 stitches with needle size 4.5 mm.

Knitting instruction for stripe

Row 0: p23
from row 1: work 23 stitches within pattern
Row 261: cast off within stitch pattern

Knitting instruction for Horizontal Stripes

Row 1: k2, * k4, * k1,
Row 2: p1, * p1, k3, * p2,
Row 3: k2, * k4, * k1,
Row 4: p1, * p4, * p2,

Paulinarand   Paulina pattern

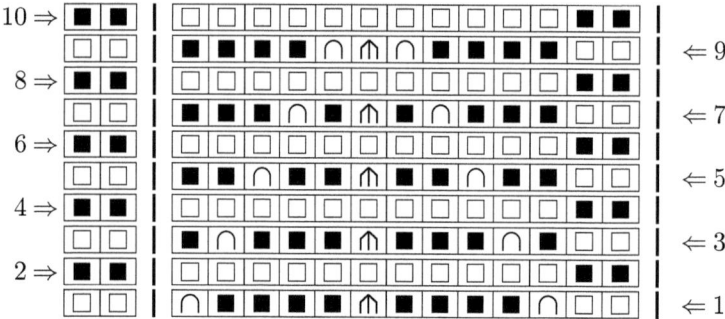

Hin- und Rückreihen. *Right and wrong side rows.*

Allgemeines

Entwurf und Ausführung von Kristin.
Für Anfänger.
32 Maschen mit Nadelstärke 4,5 anschlagen.

Strickanleitung Streifen

Reihe 0: 2 M re, 2x (11 M li, 2 M re)
ab Reihe 1: 28 Maschen im Muster stricken
Reihe 481: alle Maschen im Muster abketten

Strickanleitung Paulinarand

Reihe 1: * 2 M li, 1 U, 4 M re, 3 M üz zus, 4 M re, 1 U, * 2 M li,
Reihe 2: 2 M re, * 11 M li, 2 M re, *
Reihe 3: * 2 M li, 1 M re, 1 U, 3 M re, 3 M üz zus, 3 M re, 1 U, 1 M re, * 2 M li,
Reihe 4: 2 M re, * 11 M li, 2 M re, *
Reihe 5: * 2 M li, 2 M re, 1 U, 2 M re, 3 M üz zus, 2 M re, 1 U, 2 M re, * 2 M li,
Reihe 6: 2 M re, * 11 M li, 2 M re, *
Reihe 7: * 2 M li, 3 M re, 1 U, 1 M re, 3 M üz zus, 1 M re, 1 U, 3 M re, * 2 M li,
Reihe 8: 2 M re, * 11 M li, 2 M re, *
Reihe 9: * 2 M li, 4 M re, 1 U, 3 M üz zus, 1 U, 4 M re, * 2 M li,
Reihe 10: 2 M re, * 11 M li, 2 M re, *

General information

Design and realisation by Kristin.
For beginners.
Cast on 32 stitches with needle size 4.5 mm.

Knitting instruction for stripe

Row 0: 2k, 2x (p11, k2)
from row 1: work 28 stitches within pattern
Row 481: cast off within stitch pattern

Knitting instruction for Paulina pattern

Row 1: * p2, yo, k4, sl k2tog psso, k4, yo, * p2,
Row 2: k2, * p11, k2, *
Row 3: * p2, k1, yo, k3, sl k2tog psso, k3, yo, k1, * p2,
Row 4: k2, * p11, k2, *
Row 5: * p2, k2, yo, k2, sl k2tog psso, k2, yo, k2, * p2,
Row 6: k2, * p11, k2, *
Row 7: * p2, k3, yo, k1, sl k2tog psso, k1, yo, k3, * p2,
Row 8: k2, * p11, k2, *
Row 9: * p2, k4, yo, sl k2tog psso, yo, k4, * p2,
Row 10: k2, * p11, k2, *

Pantoffeltour   Slipper Imprint

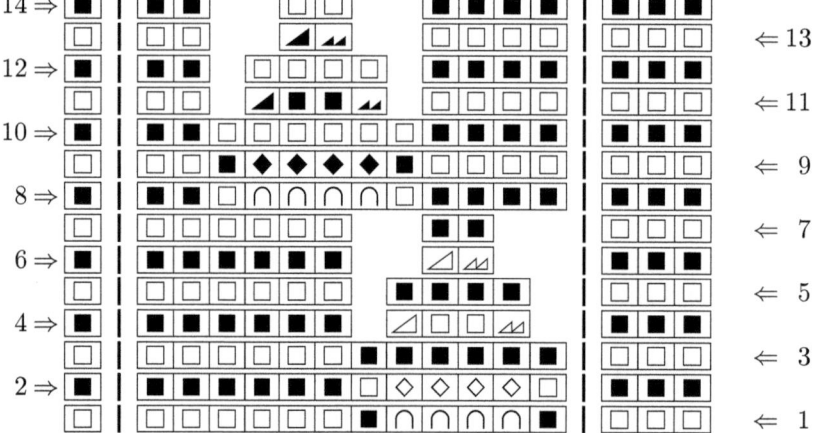

Hin- und Rückreihen. *Right and wrong side rows.*

Allgemeines

Entwurf und Ausführung von Claudia.
Für erfahrene Stricker.
24 Maschen mit Nadelstärke 4,5 anschlagen.

Strickanleitung Streifen

Reihe 0: 20 M re
ab Reihe 1: 20 Maschen im Muster stricken
Reihe 461: alle Maschen im Muster abketten

Strickanleitung Pantoffeltour

Reihe 1: 3 M li, * 1 M re, 4 U, 1 M re, 6 M li, * 1 M li,
Reihe 2: 1 M re, * 6 M re, 1 M li, 4 M li vs, 1 M li, * 3 M re,
Reihe 3: 3 M li, * 6 M re, 6 M li, * 1 M li,
Reihe 4: 1 M re, * 6 M re, 2 M li zus, 2 M li, 2 M li vs üz zus, * 3 M re,
Reihe 5: 3 M li, * 4 M re, 6 M li, * 1 M li,
Reihe 6: 1 M re, * 6 M re, 2 M li zus, 2 M li vs üz zus, * 3 M re,
Reihe 7: 3 M li, * 2 M re, 6 M li, * 1 M li,
Reihe 8: 1 M re, * 2 M re, 1 M li, 4 U, 1 M li, 4 M re, * 3 M re,
Reihe 9: 3 M li, * 4 M li, 1 M re, 4 M re vs, 1 M re, 2 M li, * 1 M li,
Reihe 10: 1 M re, * 2 M re, 6 M li, 4 M re, * 3 M re,
Reihe 11: 3 M li, * 4 M li, 2 M re vs zus, 2 M re, 2 M re zus, 2 M li, * 1 M li,
Reihe 12: 1 M re, * 2 M re, 4 M li, 4 M re, * 3 M re,
Reihe 13: 3 M li, * 4 M li, 2 M re vs zus, 2 M re zus, 2 M li, * 1 M li,
Reihe 14: 1 M re, * 2 M re, 2 M li, 4 M re, * 3 M re,

General information

Design and realisation by Claudia.
For experienced knitters.
Cast on 24 stitches with needle size 4.5 mm.

Knitting instruction for stripe

Row 0: k20
from row 1: work 20 stitches within pattern
Row 461: cast off within stitch pattern

Knitting instruction for Slipper Imprint

Row 1: p3, * k1, 4yo, k1, p6, * p1,
Row 2: k1, * k6, p1, p4tbl, p1, * k3,
Row 3: p3, * k6, p6, * p1,
Row 4: k1, * k6, p2tog, p2, sl1 sl1 ptog, * k3,
Row 5: p3, * k4, p6, * p1,
Row 6: k1, * k6, p2tog, sl1 sl1 ptog, * k3,
Row 7: p3, * k2, p6, * p1,
Row 8: k1, * k2, p1, 4yo, p1, k4, * k3,
Row 9: p3, * p4, k1, k4tbl, k1, p2, * p1,
Row 10: k1, * k2, p6, k4, * k3,
Row 11: p3, * p4, sl1 sl1 ktog, k2, k2tog, p2, * p1,
Row 12: k1, * k2, p4, k4, * k3,
Row 13: p3, * p4, sl1 sl1 ktog, k2tog, p2, * p1,
Row 14: k1, * k2, p2, k4, * k3,

Luditz

Hin- und Rückreihen.

Allgemeines

Entwurf und Ausführung von Wiebke.
Für geübte Stricker.
29 Maschen mit Nadelstärke 4,5 anschlagen.

Strickanleitung Streifen

Reihe 0: 25 M li
ab Reihe 1: 25 Maschen im Muster stricken
Reihe 421: alle Maschen im Muster abketten

Strickanleitung Luditz

Reihe 1:   * 1 M li, 2 M re zus, 1 U, 1 M re, 1 U, 6 M re, 2 M re üz zus, 1 M li, 2 M re zus, 6 M re, 1 U, 1 M re, 1 U, 2 M re üz zus, * 1 M li,
Reihe 2:   1 M re, * 11 M li, 1 M re, 11 M li, 1 M re, *
Reihe 3:   * 1 M li, 2 M re zus, 1 M re, 1 U, 1 M re, 1 U, 5 M re, 2 M re üz zus, 1 M li, 2 M re zus, 5 M re, 1 U, 1 M re, 1 U, 1 M re, 2 M re üz zus, * 1 M li,
Reihe 4:   1 M re, * 11 M li, 1 M re, 11 M li, 1 M re, *
Reihe 5:   * 1 M li, 2 M re zus, 2 M re, 1 U, 1 M re, 1 U, 4 M re, 2 M re üz zus, 1 M li, 2 M re zus, 4 M re, 1 U, 1 M re, 1 U, 2 M re, 2 M re üz zus, * 1 M li,
Reihe 6:   1 M re, * 11 M li, 1 M re, 11 M li, 1 M re, *
Reihe 7:   * 1 M li, 2 M re zus, 3 M re, 1 U, 1 M re, 1 U, 3 M re, 2 M re üz zus, 1 M li, 2 M re zus, 3 M re, 1 U, 1 M re, 1 U, 3 M re, 2 M re üz zus, * 1 M li,
Reihe 8:   1 M re, * 11 M li, 1 M re, 11 M li, 1 M re, *
Reihe 9:   * 1 M li, 2 M re zus, 4 M re, 1 U, 1 M re, 1 U, 2 M re, 2 M re üz zus, 1 M li, 2 M re zus, 2 M re, 1 U, 1 M re, 1 U, 4 M re, 2 M re üz zus, * 1 M li,
Reihe 10:   1 M re, * 11 M li, 1 M re, 11 M li, 1 M re, *
Reihe 11:   * 1 M li, 2 M re zus, 5 M re, 1 U, 1 M re, 1 U, 1 M re, 2 M re üz zus, 1 M li, 2 M re zus, 1 M re, 1 U, 1 M re, 1 U, 5 M re, 2 M re üz zus, * 1 M li,
Reihe 12:   1 M re, * 11 M li, 1 M re, 11 M li, 1 M re, *
Reihe 13:   * 1 M li, 2 M re zus, 6 M re, 1 U, 1 M re, 1 U, 2 M re üz zus, 1 M li, 2 M re zus, 1 U, 1 M re, 1 U, 6 M re, 2 M re üz zus, * 1 M li,
Reihe 14:   1 M re, * 24 M re, *

Luditz

Right and wrong side rows.

General information

Design and realisation by Wiebke.
For intermediate knitters.
Cast on 29 stitches with needle size 4.5 mm.

Knitting instruction for stripe

Row 0: p25
from row 1: work 25 stitches within pattern
Row 421: cast off within stitch pattern

Knitting instruction for Luditz

Row 1: * p1, k2tog, yo, k1, yo, k6, sl1 k1 psso, p1, k2tog, k6, yo, k1, yo, sl1 k1 psso, * p1,
Row 2: k1, * p11, k1, p11, k1, *
Row 3: * p1, k2tog, k1, yo, k1, yo, k5, sl1 k1 psso, p1, k2tog, k5, yo, k1, yo, k1, sl1 k1 psso, * p1,
Row 4: k1, * p11, k1, p11, k1, *
Row 5: * p1, k2tog, k2, yo, k1, yo, k4, sl1 k1 psso, p1, k2tog, k4, yo, k1, yo, k2, sl1 k1 psso, * p1,
Row 6: k1, * p11, k1, p11, k1, *
Row 7: * p1, k2tog, k3, yo, k1, yo, k3, sl1 k1 psso, p1, k2tog, k3, yo, k1, yo, k3, sl1 k1 psso, * p1,
Row 8: k1, * p11, k1, p11, k1, *
Row 9: * p1, k2tog, k4, yo, k1, yo, k2, sl1 k1 psso, p1, k2tog, k2, yo, k1, yo, k4, sl1 k1 psso, * p1,
Row 10: k1, * p11, k1, p11, k1, *
Row 11: * p1, k2tog, k5, yo, k1, yo, k1, sl1 k1 psso, p1, k2tog, k1, yo, k1, yo, k5, sl1 k1 psso, * p1,
Row 12: k1, * p11, k1, p11, k1, *
Row 13: * p1, k2tog, k6, yo, k1, yo, sl1 k1 psso, p1, k2tog, yo, k1, yo, k6, sl1 k1 psso, * p1,
Row 14: k1, * k24, *

Korinthische Säulen

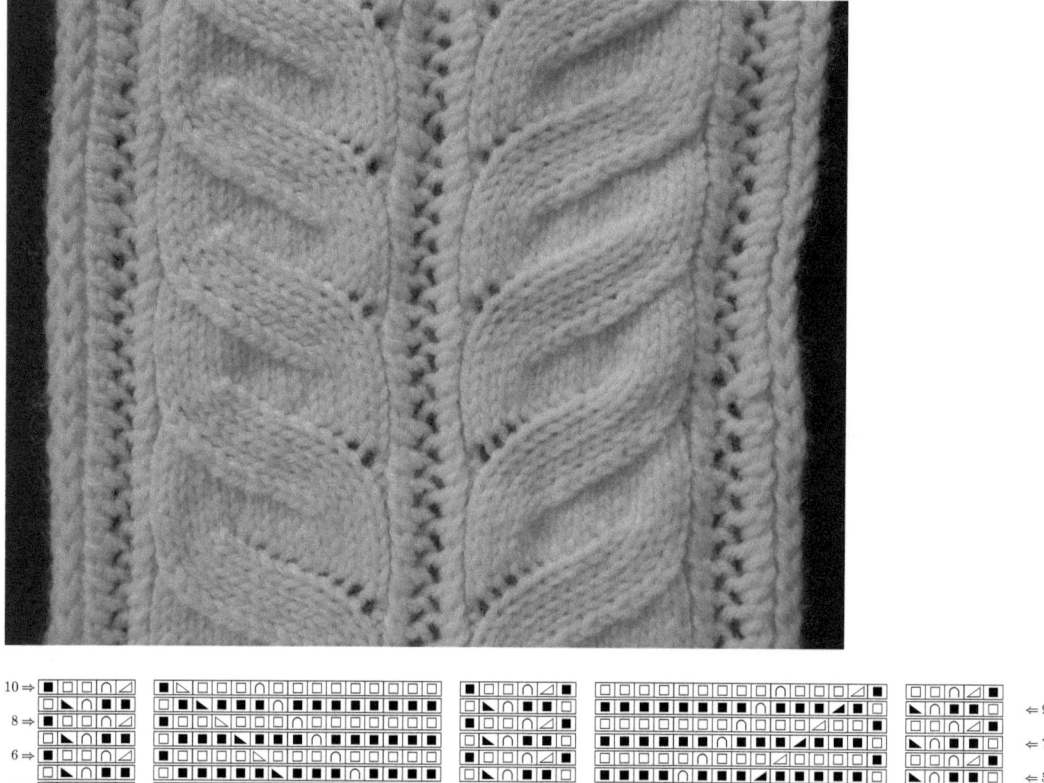

Hin- und Rückreihen.

Allgemeines

Entwurf und Ausführung von Alexandra.
Für erfahrene Stricker.
50 Maschen mit Nadelstärke 4,5 anschlagen.

Strickanleitung Streifen

Reihe 0: 1 M re, 2x (4 M li, 1 M re, 14 M li, 1 M re), 4 M li, 1 M re
ab Reihe 1: 46 Maschen im Muster stricken
Reihe 521: alle Maschen im Muster abketten

Strickanleitung Korinthische Säulen

Reihe 1: 1 M li, 2 M re, 1 U, 2 M re üz zus, 1 M li, 9 M re, 2 M re zus, 3 M re, 1 U, 1 M li, 2 M re, 1 U, 2 M re üz zus, 1 M li, 1 U, 3 M re, 2 M re üz zus, 9 M re, 1 M li, 2 M re, 1 U, 2 M re üz zus, 1 M li,

Reihe 2: 1 M re, 2 M li, 1 U, 2 M li zus, 1 M re, 8 M li, 2 M li üz zus, 3 M li, 1 U, 1 M li, 1 M re, 2 M li, 1 U, 2 M li zus, 1 M re, 1 M li, 1 U, 3 M li, 2 M li zus, 8 M li, 1 M re, 2 M li, 1 U, 2 M li zus, 1 M re,

Reihe 3: 1 M li, 2 M re, 1 U, 2 M re üz zus, 1 M li, 7 M re, 2 M re zus, 3 M re, 1 U, 2 M re, 1 M li, 2 M re, 1 U, 2 M re üz zus, 1 M li, 2 M re, 1 U, 3 M re, 2 M re üz zus, 7 M re, 1 M li, 2 M re, 1 U, 2 M re üz zus, 1 M li,

Reihe 4: 1 M re, 2 M li, 1 U, 2 M li zus, 1 M re, 6 M li, 2 M li üz zus, 3 M li, 1 U, 3 M li, 1 M re, 2 M li, 1 U, 2 M li zus, 1 M re, 3 M li, 1 U, 3 M li, 2 M li zus, 6 M li, 1 M re, 2 M li, 1 U, 2 M li zus, 1 M re,

Reihe 5: 1 M li, 2 M re, 1 U, 2 M re üz zus, 1 M li, 5 M re, 2 M re zus, 3 M re, 1 U, 4 M re, 1 M li, 2 M re, 1 U, 2 M re üz zus, 1 M li, 4 M re, 1 U, 3 M re, 2 M re üz zus, 5 M re, 1 M li, 2 M re, 1 U, 2 M re üz zus, 1 M li,

Reihe 6: 1 M re, 2 M li, 1 U, 2 M li zus, 1 M re, 4 M li, 2 M li üz zus, 3 M li, 1 U, 5 M li, 1 M re, 2 M li, 1 U, 2 M li zus, 1 M re, 5 M li, 1 U, 3 M li, 2 M li zus, 4 M li, 1 M re, 2 M li, 1 U, 2 M li zus, 1 M re,

Reihe 7: 1 M li, 2 M re, 1 U, 2 M re üz zus, 1 M li, 3 M re, 2 M re zus, 3 M re, 1 U, 6 M re, 1 M li, 2 M re, 1 U, 2 M re üz zus, 1 M li, 6 M re, 1 U, 3 M re, 2 M re üz zus, 3 M re, 1 M li, 2 M re, 1 U, 2 M re üz zus, 1 M li,

Reihe 8: 1 M re, 2 M li, 1 U, 2 M li zus, 1 M re, 2 M li, 2 M li üz zus, 3 M li, 1 U, 7 M li, 1 M re, 2 M li, 1 U, 2 M li zus, 1 M re, 7 M li, 1 U, 3 M li, 2 M li zus, 2 M li, 1 M re, 2 M li, 1 U, 2 M li zus, 1 M re,

Reihe 9: 1 M li, 2 M re, 1 U, 2 M re üz zus, 1 M li, 1 M re, 2 M re zus, 3 M re, 1 U, 8 M re, 1 M li, 2 M re, 1 U, 2 M re üz zus, 1 M li, 8 M re, 1 U, 3 M re, 2 M re üz zus, 1 M re, 1 M li, 2 M re, 1 U, 2 M re üz zus, 1 M li,

Reihe 10: 1 M re, 2 M li, 1 U, 2 M li zus, 1 M re, 2 M li üz zus, 3 M li, 1 U, 9 M li, 1 M re, 2 M li, 1 U, 2 M li zus, 1 M re, 9 M li, 1 U, 3 M li, 2 M li zus, 1 M re, 2 M li, 1 U, 2 M li zus, 1 M re,

Corinthian columns

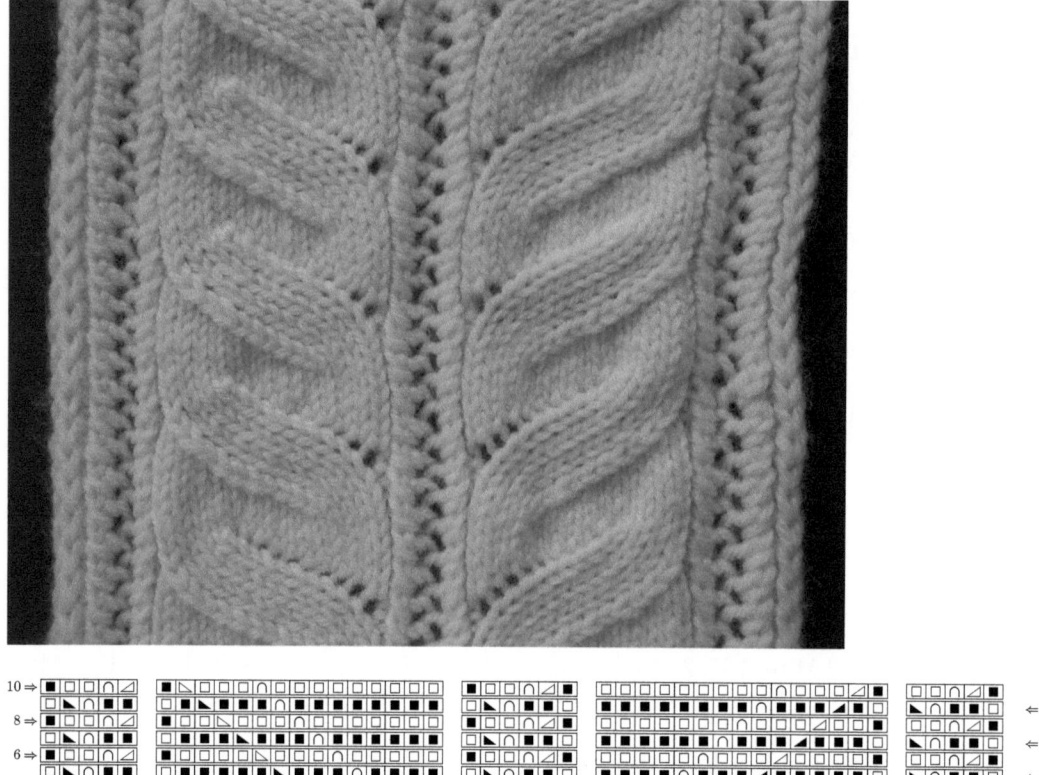

Right and wrong side rows.

General information

Design and realisation by Alexandra.
For experienced knitters.
Cast on 50 stitches with needle size 4.5 mm.

Knitting instruction for stripe

Row 0: k1, 2x (p4, k1, p14, k1), p4, k1
from row 1: work 46 stitches within pattern
Row 521: cast off within stitch pattern

Knitting instruction for Corinthian columns

Row 1:   p1, k2, yo, sl1 k1 psso, p1, k9, k2tog, k3, yo, p1, k2, yo, sl1 k1 psso, p1, yo, k3, sl1 k1 psso, k9, p1, k2, yo, sl1 k1 psso, p1,
Row 2:   k1, p2, yo, p2tog, k1, p8, sl1 sl1 ptogtbl, p3, yo, p1, k1, p2, yo, p2tog, k1, p1, yo, p3, p2tog, p8, k1, p2, yo, p2tog, k1,
Row 3:   p1, k2, yo, sl1 k1 psso, p1, k7, k2tog, k3, yo, k2, p1, k2, yo, sl1 k1 psso, p1, k2, yo, k3, sl1 k1 psso, k7, p1, k2, yo, sl1 k1 psso, p1,
Row 4:   k1, p2, yo, p2tog, k1, p6, sl1 sl1 ptogtbl, p3, yo, p3, k1, p2, yo, p2tog, k1, p3, yo, p3, p2tog, p6, k1, p2, yo, p2tog, k1,
Row 5:   p1, k2, yo, sl1 k1 psso, p1, k5, k2tog, k3, yo, k4, p1, k2, yo, sl1 k1 psso, p1, k4, yo, k3, sl1 k1 psso, k5, p1, k2, yo, sl1 k1 psso, p1,
Row 6:   k1, p2, yo, p2tog, k1, p4, sl1 sl1 ptogtbl, p3, yo, p5, k1, p2, yo, p2tog, k1, p5, yo, p3, p2tog, p4, k1, p2, yo, p2tog, k1,
Row 7:   p1, k2, yo, sl1 k1 psso, p1, k3, k2tog, k3, yo, k6, p1, k2, yo, sl1 k1 psso, p1, k6, yo, k3, sl1 k1 psso, k3, p1, k2, yo, sl1 k1 psso, p1,
Row 8:   k1, p2, yo, p2tog, k1, p2, sl1 sl1 ptogtbl, p3, yo, p7, k1, p2, yo, p2tog, k1, p7, yo, p3, p2tog, p2, k1, p2, yo, p2tog, k1,
Row 9:   p1, k2, yo, sl1 k1 psso, p1, k1, k2tog, k3, yo, k8, p1, k2, yo, sl1 k1 psso, p1, k8, yo, k3, sl1 k1 psso, k1, p1, k2, yo, sl1 k1 psso, p1,
Row 10:   k1, p2, yo, p2tog, k1, sl1 sl1 ptogtbl, p3, yo, p9, k1, p2, yo, p2tog, k1, p9, yo, p3, p2tog, k1, p2, yo, p2tog, k1,

Jungfernkranz

Maiden Wreath

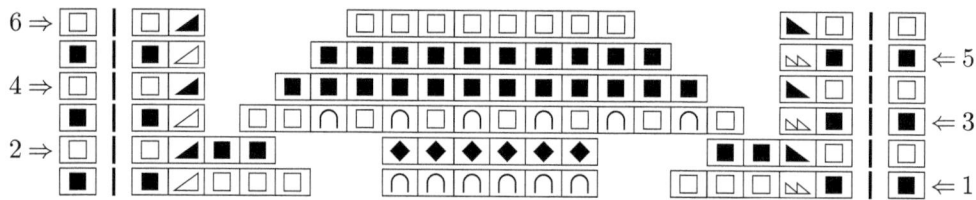

Hin- und Rückreihen. *Right and wrong side rows.*

Allgemeines

Entwurf und Ausführung von Wiebke.
Für erfahrene Stricker.
30 Maschen mit Nadelstärke 4,5 anschlagen.

Strickanleitung Streifen

Das Muster beginnt mit einer Rückreihe.
ab Reihe 1: 26 Maschen im Muster stricken
Reihe 361: alle Maschen im Muster abketten

Strickanleitung Jungfernkranz

Reihe 1:   1 M re, * 1 M re, 2 M li vs zus, 3 M li, 6 U, 3 M li, 2 M li zus, 1 M re, * 1 M re,
Reihe 2:   1 M li, * 1 M li, 2 M re zus, 2 M re, 6 M re vs, 2 M re, 2 M re üz zus, 1 M li, *
1 M li,
Reihe 3:   1 M re, * 1 M re, 2 M li vs zus, 1 M li, 1 U, 1 M li, 1 U, 1 M li, 1 U, 1 M li, 1 U,
1 M li, 1 U, 1 M li, 1 U, 2 M li, 2 M li zus, 1 M re, * 1 M re,
Reihe 4:   1 M li, * 1 M li, 2 M re zus, 12 M re, 2 M re üz zus, 1 M li, * 1 M li,
Reihe 5:   1 M re, * 1 M re, 2 M li vs zus, 10 M re, 2 M li zus, 1 M re, * 1 M re,
Reihe 6:   1 M li, * 1 M li, 2 M re zus, 8 M li, 2 M re üz zus, 1 M li, * 1 M li,

General information

Design and realisation by Wiebke.
For experienced knitters.
Cast on 30 stitches with needle size 4.5 mm.

Knitting instruction for stripe

First row is on the wrong side!
from row 1: work 26 stitches within pattern
Row 361: cast off within stitch pattern

Knitting instruction for Maiden Wreath

Row 1:   k1, * k1, p2togtbl, p3, 6yo, p3, p2tog, k1, * k1,
Row 2:   p1, * p1, k2tog, k2, k6tbl, k2, sl1 k1 psso, p1, * p1,
Row 3:   k1, * k1, p2togtbl, p1, yo, p1, yo, p1, yo, p1, yo, p1, yo, p1, yo, p2, p2tog, k1, * k1,
Row 4:   p1, * p1, k2tog, k12, sl1 k1 psso, p1, * p1,
Row 5:   k1, * k1, p2togtbl, k10, p2tog, k1, * k1,
Row 6:   p1, * p1, k2tog, p8, sl1 k1 psso, p1, * p1,

Floras Gaben

Hin- und Rückreihen.

Allgemeines

Entwurf und Ausführung von Alexandra.
Für erfahrene Stricker.
46 Maschen mit Nadelstärke 4,0 anschlagen.

Strickanleitung Streifen

Reihe 0: 2 M re, 3 M li, 2 M re, 2 M li, 2 M re, 3 M li, 2 M re, 2 M li, 1 M re, 4 M li, 1 M re, 2 M li, 2 M re, 3 M li, 2 M re, 2 M li, 2 M re, 3 M li, 2 M re
ab Reihe 1: 42 Maschen im Muster stricken
Reihe 411: alle Maschen im Muster abketten

Strickanleitung Floras Gaben

Reihe 1:   2 M li, 2 M re vs, 3 M li, 3 M li zus, 3 M li, 2 M re vs, 2 M li, 1 U, 1 M re vs, 1 U, 1 M li, 2 M re, 1 U, 2 M re üz zus, 1 M li, 1 U, 1 M re vs, 1 U, 2 M li, 2 M re vs, 3 M li, 3 M li zus, 3 M li, 2 M re vs, 2 M li,
Reihe 2:   2 M re, 2 M li vs, 7 M re, 2 M li vs, 2 M re, 1 M li, 1 M li vs, 1 M li, 1 M re, 2 M li, 1 U, 2 M li zus, 1 M re, 1 M li, 1 M li vs, 1 M li, 2 M re, 2 M li vs, 7 M re, 2 M li vs, 2 M re,
Reihe 3:   2 M li, 2 M re vs, 2 M li, 3 M li zus, 2 M li, 2 M re vs, 2 M li, 1 M re vs, 1 U, 1 M re vs, 1 U, 1 M re vs, 1 M li, 2 M re, 1 U, 2 M re üz zus, 1 M li, 1 M re vs, 1 U, 1 M re vs, 1 U, 1 M re vs, 2 M li, 2 M re vs, 2 M li, 3 M li zus, 2 M li, 2 M re vs, 2 M li,
Reihe 4:   2 M re, 2 M li vs, 5 M re, 2 M li vs, 2 M re, 1 M li vs, 1 M li, 1 M li vs, 1 M li, 1 M li vs, 1 M re, 2 M li, 1 U, 2 M li zus, 1 M re, 1 M li vs, 1 M li, 1 M li vs, 1 M li, 1 M li vs, 2 M re, 2 M li vs, 5 M re, 2 M li vs, 2 M re,
Reihe 5:   2 M li, 2 M re vs, 1 M li, 3 M li zus, 1 M li, 2 M re vs, 2 M li, 2 M re vs, 1 U, 1 M re vs, 1 U, 2 M re vs, 1 M li, 2 M re, 1 U, 2 M re üz zus, 1 M li, 2 M re vs, 1 U, 1 M re vs, 1 U, 2 M re vs, 2 M li, 2 M re vs, 1 M li, 3 M li zus, 1 M li, 2 M re vs, 2 M li,
Reihe 6:   2 M re, 2 M li vs, 3 M re, 2 M li vs, 2 M re, 2 M li vs, 1 M li, 1 M li vs, 1 M li, 2 M li vs, 1 M re, 2 M li, 1 U, 2 M li zus, 1 M re, 2 M li vs, 1 M li, 1 M li vs, 1 M li, 2 M li vs, 2 M re, 2 M li vs, 3 M re, 2 M li vs, 2 M re,
Reihe 7:   2 M li, 2 M re vs, 3 M li zus, 2 M re vs, 2 M li, 2 M re vs, 1 M li, 1 U, 1 M re vs, 1 U, 1 M li, 2 M re vs, 1 M li, 2 M re, 1 U, 2 M re üz zus, 1 M li, 2 M re vs, 1 M li, 1 U, 1 M re vs, 1 U, 1 M li, 2 M re vs, 2 M li, 2 M re vs, 3 M li zus, 2 M re vs, 2 M li,
Reihe 8:   2 M re, 2 M li vs, 1 M re, 2 M li vs, 2 M re, 2 M li vs, 1 M re, 1 M li, 1 M li vs, 1 M li, 1 M re, 2 M li vs, 1 M re, 2 M li, 1 U, 2 M li zus, 1 M re, 2 M li vs, 1 M re, 1 M li, 1 M li vs, 1 M li, 1 M re, 2 M li vs, 2 M re, 2 M li vs, 1 M re, 2 M li vs, 2 M re,
Reihe 9:   2 M li, 1 M re vs, 3 M li zus, 1 M re vs, 2 M li, 2 M re vs, 2 M li, 1 U, 1 M re vs, 1 U, 2 M li, 2 M re vs, 1 M li, 2 M re, 1 U, 2 M re üz zus, 1 M li, 2 M re vs, 2 M li, 1 U, 1 M re vs, 1 U, 2 M li, 2 M re vs, 2 M li, 1 M re vs, 3 M li zus, 1 M re vs, 2 M li,
Reihe 10:   2 M re, 3 M li vs, 2 M re, 2 M li vs, 2 M re, 1 M li, 1 M li vs, 1 M li, 2 M re, 2 M li vs, 1 M re, 2 M li, 1 U, 2 M li zus, 1 M re, 2 M li vs, 2 M re, 1 M li, 1 M li vs, 1 M li, 2 M re, 2 M li vs, 2 M re, 3 M li vs, 2 M re,

Flora's Gifts

Right and wrong side rows.

General information

Design and realisation by Alexandra.
For experienced knitters.
Cast on 46 stitches with needle size 4.0 mm.

Knitting instruction for stripe

Row 0: k2, p3, k2, p2, k2, p3, k2, p2, k1, p4, k1, p2, k2, p3, k2, p2, k2, p3, k2
from row 1: work 42 stitches within pattern
Row 411: cast off within stitch pattern

Knitting instruction for Flora's Gifts

Row 1:   p2, k2tbl, p3, p3tog, p3, k2tbl, p2, yo, k1tbl, yo, p1, k2, yo, sl1 k1 psso, p1, yo, k1tbl, yo, p2, k2tbl, p3, p3tog, p3, k2tbl, p2,
Row 2:   k2, p2tbl, k7, p2tbl, k2, p1, p1tbl, p1, k1, p2, yo, p2tog, k1, p1, p1tbl, p1, k2, p2tbl, k7, p2tbl, k2,
Row 3:   p2, k2tbl, p2, p3tog, p2, k2tbl, p2, k1tbl, yo, k1tbl, yo, k1tbl, p1, k2, yo, sl1 k1 psso, p1, k1tbl, yo, k1tbl, yo, k1tbl, p2, k2tbl, p2, p3tog, p2, k2tbl, p2,
Row 4:   k2, p2tbl, k5, p2tbl, k2, p1tbl, p1, p1tbl, p1, p1tbl, k1, p2, yo, p2tog, k1, p1tbl, p1, p1tbl, p1, p1tbl, k2, p2tbl, k5, p2tbl, k2,
Row 5:   p2, k2tbl, p1, p3tog, p1, k2tbl, p2, k2tbl, yo, k1tbl, yo, k2tbl, p1, k2, yo, sl1 k1 psso, p1, k2tbl, yo, k1tbl, yo, k2tbl, p2, k2tbl, p1, p3tog, p1, k2tbl, p2,
Row 6:   k2, p2tbl, k3, p2tbl, k2, p2tbl, p1, p1tbl, p1, p2tbl, k1, p2, yo, p2tog, k1, p2tbl, p1, p1tbl, p1, p2tbl, k2, p2tbl, k3, p2tbl, k2,
Row 7:   p2, k2tbl, p3tog, k2tbl, p2, k2tbl, p1, yo, k1tbl, yo, p1, k2tbl, p1, k2, yo, sl1 k1 psso, p1, k2tbl, p1, yo, k1tbl, yo, p1, k2tbl, p2, k2tbl, p3tog, k2tbl, p2,
Row 8:   k2, p2tbl, k1, p2tbl, k2, p2tbl, k1, p1, p1tbl, p1, k1, p2tbl, k1, p2, yo, p2tog, k1, p2tbl, k1, p1, p1tbl, p1, k1, p2tbl, k2, p2tbl, k1, p2tbl, k2,
Row 9:   p2, k1tbl, p3tog, k1tbl, p2, k2tbl, p2, yo, k1tbl, yo, p2, k2tbl, p1, k2, yo, sl1 k1 psso, p1, k2tbl, p2, yo, k1tbl, yo, p2, k2tbl, p2, k1tbl, p3tog, k1tbl, p2,
Row 10:   k2, p3tbl, k2, p2tbl, k2, p1, p1tbl, p1, k2, p2tbl, k1, p2, yo, p2tog, k1, p2tbl, k2, p1, p1tbl, p1, k2, p2tbl, k2, p3tbl, k2,

Durchbrochene Pattentour Feathers

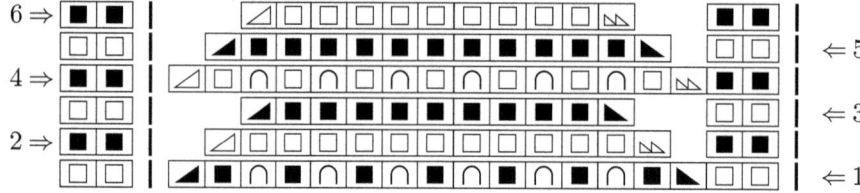

Hin- und Rückreihen. *Right and wrong side rows.*

Allgemeines

Entwurf und Ausführung von Wiebke.
Für geübte Stricker.
36 Maschen mit Nadelstärke 4,5 anschlagen.

Strickanleitung Streifen

Reihe 0: 32 Maschen wie Reihe 6 abstricken.
ab Reihe 1: 32 Maschen im Muster stricken
Reihe 405: alle Maschen im Muster abketten

Strickanleitung Durchbrochene Pattentour

Reihe 1: * 2 M li, 2 M re üz zus, 1 M re, 1 U, 1 M re, 1 U, 1 M re, 1 U, 1 M re, 1 U, 1 M re,
1 U, 1 M re, 1 U, 1 M re, 2 M re zus, * 2 M li,
Reihe 2: 2 M re, * 2 M li zus, 11 M li, 2 M li vs zus, 2 M re, *
Reihe 3: * 2 M li, 2 M re üz zus, 9 M re, 2 M re zus, * 2 M li,
Reihe 4: 2 M re, * 2 M li zus, 1 M li, 1 U, 1 M li, 1 U, 1 M li, 1 U, 1 M li, 1 U, 1 M li, 1 U,
1 M li, 1 U, 1 M li, 2 M li vs zus, 2 M re, *
Reihe 5: * 2 M li, 2 M re üz zus, 11 M re, 2 M re zus, * 2 M li,
Reihe 6: 2 M re, * 2 M li zus, 9 M li, 2 M li vs zus, 2 M re, *

General information

Design and realisation by Wiebke.
For intermediate knitters.
Cast on 36 stitches with needle size 4.5 mm.

Knitting instruction for stripe

Row 0: knit 32 stitches like row 6
from row 1: work 32 stitches within pattern
Row 405: cast off within stitch pattern

Knitting instruction for Feathers

Row 1: * p2, sl1 k1 psso, k1, yo, k1, yo, k1, yo, k1, yo, k1, yo, k1, yo, k1, k2tog, * p2,
Row 2: k2, * p2tog, p11, p2togtbl, k2, *
Row 3: * p2, sl1 k1 psso, k9, k2tog, * p2,
Row 4: k2, * p2tog, p1, yo, p1, yo, p1, yo, p1, yo, p1, yo, p1, yo, p1, p2togtbl, k2, *
Row 5: * p2, sl1 k1 psso, k11, k2tog, * p2,
Row 6: k2, * p2tog, p9, p2togtbl, k2, *

Blumenstrauß   Flower Bouquet

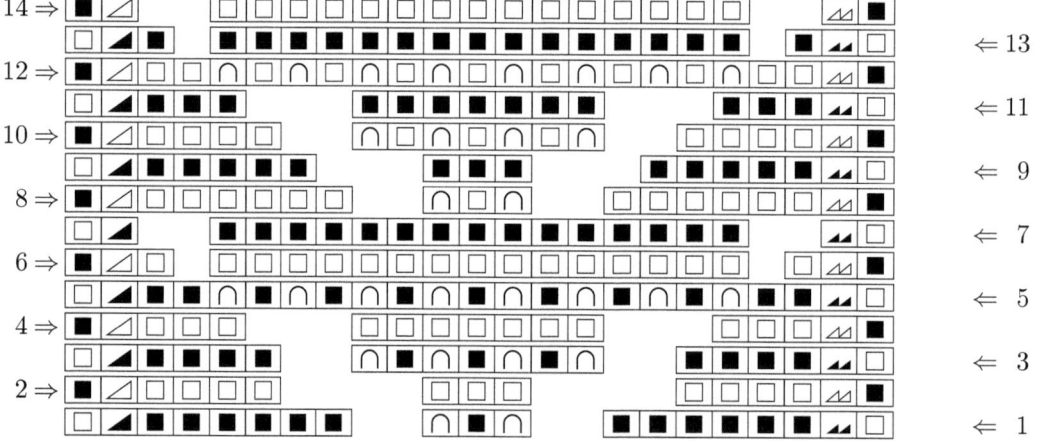

Hin- und Rückreihen. *Right and wrong side rows.*

Allgemeines

Entwurf und Ausführung von Wiebke.
Für erfahrene Stricker.
23 Maschen mit Nadelstärke 4,5 anschlagen.

Strickanleitung Streifen

Reihe 0: 21 Maschen wie Reihe 14 stricken.
ab Reihe 1: 19 Maschen im Muster stricken
Reihe 331: alle Maschen im Muster abketten

Strickanleitung Blumenstrauß

Reihe 1: 1 M li, 2 M re vs zus, 6 M re, 1 U, 1 M re, 1 U, 6 M re, 2 M re zus, 1 M li,
Reihe 2: 1 M re, 2 M li zus, 4 M li, 3 M li, 4 M li, 2 M li vs üz zus, 1 M re,
Reihe 3: 1 M li, 2 M re vs zus, 4 M re, 3x (1 U, 1 M re), 1 U, 4 M re, 2 M re zus, 1 M li,
Reihe 4: 1 M re, 2 M li zus, 3 M li, 7 M li, 3 M li, 2 M li vs üz zus, 1 M re,
Reihe 5: 1 M li, 2 M re vs zus, 2 M re, 7x (1 U, 1 M re), 1 U, 2 M re, 2 M re zus, 1 M li,
Reihe 6: 1 M re, 2 M li zus, 1 M li, 15 M li, 1 M li, 2 M li vs üz zus, 1 M re,
Reihe 7: 1 M li, 2 M re vs zus, 15 M re, 2 M re zus, 1 M li,
Reihe 8: 1 M re, 2 M li zus, 6 M li, 1 U, 1 M li, 1 U, 6 M li, 2 M li vs üz zus, 1 M re,
Reihe 9: 1 M li, 2 M re vs zus, 5 M re, 3 M re, 5 M re, 2 M re zus, 1 M li,
Reihe 10: 1 M re, 2 M li zus, 4 M li, 3x (1 U, 1 M li), 1 U, 4 M li, 2 M li vs üz zus, 1 M re,
Reihe 11: 1 M li, 2 M re vs zus, 3 M re, 7 M re, 3 M re, 2 M re zus, 1 M li,
Reihe 12: 1 M re, 2 M li zus, 2 M li, 7x (1 U, 1 M li), 1 U, 2 M li, 2 M li vs üz zus, 1 M re,
Reihe 13: 1 M li, 2 M re vs zus, 1 M re, 15 M re, 1 M re, 2 M re zus, 1 M li,
Reihe 14: 1 M re, 2 M li zus, 15 M li, 2 M li vs üz zus, 1 M re,

General information

Design and realisation by Wiebke.
For experienced knitters.
Cast on 23 stitches with needle size 4.5 mm.

Knitting instruction for stripe

Row 0: knit 21 stitches like row 14
from row 1: work 19 stitches within pattern
Row 331: cast off within stitch pattern

Knitting instruction for Flower Bouquet

Row 1: p1, sl1 sl1 ktog, k6, yo, k1, yo, k6, k2tog, p1,
Row 2: k1, p2tog, p4, p3, p4, sl1 sl1 ptog, k1,
Row 3: p1, sl1 sl1 ktog, k4, 3x (yo, k1), yo, k4, k2tog, p1,
Row 4: k1, p2tog, p3, p7, p3, sl1 sl1 ptog, k1,
Row 5: p1, sl1 sl1 ktog, k2, 7x (yo, k1), yo, k2, k2tog, p1,
Row 6: k1, p2tog, p1, p15, p1, sl1 sl1 ptog, k1,
Row 7: p1, sl1 sl1 ktog, k15, k2tog, p1,
Row 8: k1, p2tog, p6, yo, p1, yo, p6, sl1 sl1 ptog, k1,
Row 9: p1, sl1 sl1 ktog, k5, k3, k5, k2tog, p1,
Row 10: k1, p2tog, p4, 3x (yo, p1), yo, p4, sl1 sl1 ptog, k1,
Row 11: p1, sl1 sl1 ktog, k3, k7, k3, k2tog, p1,
Row 12: k1, p2tog, p2, 7x (yo, p1), yo, p2, sl1 sl1 ptog, k1,
Row 13: p1, sl1 sl1 ktog, k1, k15, k1, k2tog, p1,
Row 14: k1, p2tog, p15, sl1 sl1 ptog, k1,

Dreiecke

Zwischenreihen.

Allgemeines

Entwurf und Ausführung von Kristin.
Für geübte Stricker.
32 Maschen mit Nadelstärke 4,5 anschlagen.

Strickanleitung Streifen

Reihe 0: 2 M re, 2x (11 M li, 2 M re)
ab Reihe 1: 28 Maschen im Muster stricken
Reihe 433: alle Maschen im Muster abketten

Strickanleitung Dreiecke

Reihe 1: 1 M li, * 1 M li, 2 M re zus, 1 U, 1 M re, 1 U, 6 M re, 2 M re üz zus, 1 M li, * 1 M li,
Reihe 3: 1 M li, * 1 M li, 2 M re zus, 1 M re, 1 U, 1 M re, 1 U, 5 M re, 2 M re üz zus, 1 M li, * 1 M li,
Reihe 5: 1 M li, * 1 M li, 2 M re zus, 2 M re, 1 U, 1 M re, 1 U, 4 M re, 2 M re üz zus, 1 M li, * 1 M li,
Reihe 7: 1 M li, * 1 M li, 2 M re zus, 3 M re, 1 U, 1 M re, 1 U, 3 M re, 2 M re üz zus, 1 M li, * 1 M li,
Reihe 9: 1 M li, * 1 M li, 2 M re zus, 4 M re, 1 U, 1 M re, 1 U, 2 M re, 2 M re üz zus, 1 M li, * 1 M li,
Reihe 11: 1 M li, * 1 M li, 2 M re zus, 5 M re, 1 U, 1 M re, 1 U, 1 M re, 2 M re üz zus, 1 M li, * 1 M li,
Reihe 13: 1 M li, * 1 M li, 2 M re zus, 6 M re, 1 U, 1 M re, 1 U, 2 M re üz zus, 1 M li, * 1 M li,
Reihe 15: 1 M li, * 1 M li, 2 M re zus, 5 M re, 1 U, 1 M re, 1 U, 1 M re, 2 M re üz zus, 1 M li, * 1 M li,
Reihe 17: 1 M li, * 1 M li, 2 M re zus, 4 M re, 1 U, 1 M re, 1 U, 2 M re, 2 M re üz zus, 1 M li, * 1 M li,
Reihe 19: 1 M li, * 1 M li, 2 M re zus, 3 M re, 1 U, 1 M re, 1 U, 3 M re, 2 M re üz zus, 1 M li, * 1 M li,
Reihe 21: 1 M li, * 1 M li, 2 M re zus, 2 M re, 1 U, 1 M re, 1 U, 4 M re, 2 M re üz zus, 1 M li, * 1 M li,
Reihe 23: 1 M li, * 1 M li, 2 M re zus, 1 M re, 1 U, 1 M re, 1 U, 5 M re, 2 M re üz zus, 1 M li, * 1 M li,

Triangles

Right side only.

General information

Design and realisation by Kristin.
For intermediate knitters.
Cast on 32 stitches with needle size 4.5 mm.

Knitting instruction for stripe

Row 0: k2, 2x (p11, k2)
from row 1: work 28 stitches within pattern
Row 433: cast off within stitch pattern

Knitting instruction for Triangles

Row 1:   p1, * p1, k2tog, yo, k1, yo, k6, sl1 k1 psso, p1, * p1,
Row 3:   p1, * p1, k2tog, k1, yo, k1, yo, k5, sl1 k1 psso, p1, * p1,
Row 5:   p1, * p1, k2tog, k2, yo, k1, yo, k4, sl1 k1 psso, p1, * p1,
Row 7:   p1, * p1, k2tog, k3, yo, k1, yo, k3, sl1 k1 psso, p1, * p1,
Row 9:   p1, * p1, k2tog, k4, yo, k1, yo, k2, sl1 k1 psso, p1, * p1,
Row 11: p1, * p1, k2tog, k5, yo, k1, yo, k1, sl1 k1 psso, p1, * p1,
Row 13: p1, * p1, k2tog, k6, yo, k1, yo, sl1 k1 psso, p1, * p1,
Row 15: p1, * p1, k2tog, k5, yo, k1, yo, k1, sl1 k1 psso, p1, * p1,
Row 17: p1, * p1, k2tog, k4, yo, k1, yo, k2, sl1 k1 psso, p1, * p1,
Row 19: p1, * p1, k2tog, k3, yo, k1, yo, k3, sl1 k1 psso, p1, * p1,
Row 21: p1, * p1, k2tog, k2, yo, k1, yo, k4, sl1 k1 psso, p1, * p1,
Row 23: p1, * p1, k2tog, k1, yo, k1, yo, k5, sl1 k1 psso, p1, * p1,

Belladonna

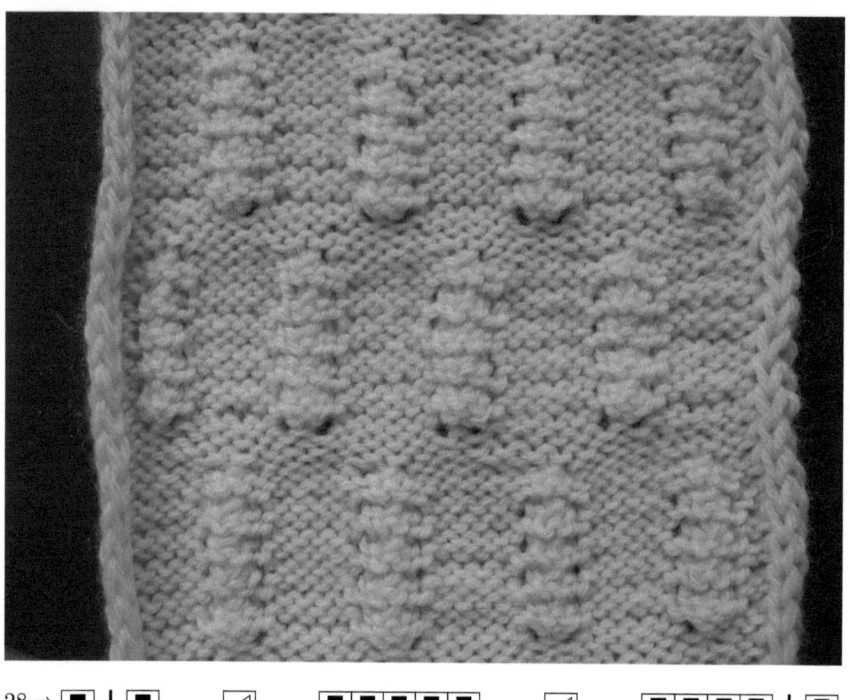

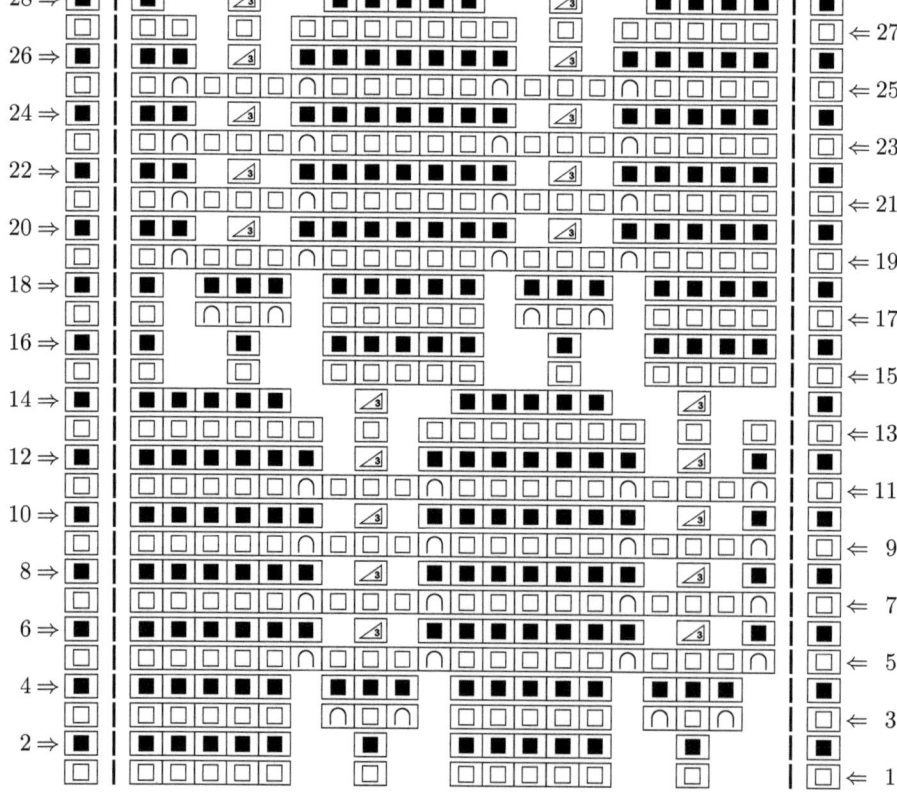

Hin- und Rückreihen.

Allgemeines

Entwurf und Ausführung von Kristin.
Für erfahrene Stricker.
30 Maschen mit Nadelstärke 4,0 anschlagen.

Strickanleitung Streifen

Reihe 0: 26 M re
ab Reihe 1: 26 Maschen im Muster stricken
Reihe 505: alle Maschen im Muster abketten

Strickanleitung Belladonna

Reihe 1: 1 M li, * 12 M li, * 1 M li,
Reihe 2: 1 M re, * 12 M re, * 1 M re,
Reihe 3: 1 M li, * 1 U, 1 M li, 1 U, 5 M li, 1 U, 1 M li, 1 U, 5 M li, * 1 M li,
Reihe 4: 1 M re, * 16 M re, * 1 M re,
Reihe 5: 1 M li, * 1 U, 3 M li, 1 U, 5 M li, 1 U, 3 M li, 1 U, 5 M li, * 1 M li,
Reihe 6: 1 M re, * 6 M re, 3 M li zus, 7 M re, 3 M li zus, 1 M re, * 1 M re,
Reihe 7: 1 M li, * 1 U, 3 M li, 1 U, 5 M li, 1 U, 3 M li, 1 U, 5 M li, * 1 M li,
Reihe 8: 1 M re, * 6 M re, 3 M li zus, 7 M re, 3 M li zus, 1 M re, * 1 M re,
Reihe 9: 1 M li, * 1 U, 3 M li, 1 U, 5 M li, 1 U, 3 M li, 1 U, 5 M li, * 1 M li,
Reihe 10: 1 M re, * 6 M re, 3 M li zus, 7 M re, 3 M li zus, 1 M re, * 1 M re,
Reihe 11: 1 M li, * 1 U, 3 M li, 1 U, 5 M li, 1 U, 3 M li, 1 U, 5 M li, * 1 M li,
Reihe 12: 1 M re, * 6 M re, 3 M li zus, 7 M re, 3 M li zus, 1 M re, * 1 M re,
Reihe 13: 1 M li, * 16 M li, * 1 M li,
Reihe 14: 1 M re, * 5 M re, 3 M li zus, 5 M re, 3 M li zus, * 1 M re,
Reihe 15: 1 M li, * 12 M li, * 1 M li,
Reihe 16: 1 M re, * 12 M re, * 1 M re,
Reihe 17: 1 M li, * 4 M li, 1 U, 1 M li, 1 U, 5 M li, 1 U, 1 M li, 1 U, 1 M li, * 1 M li,
Reihe 18: 1 M re, * 16 M re, * 1 M re,
Reihe 19: 1 M li, * 4 M li, 1 U, 3 M li, 1 U, 5 M li, 1 U, 3 M li, 1 U, 1 M li, * 1 M li,
Reihe 20: 1 M re, * 2 M re, 3 M li zus, 7 M re, 3 M li zus, 5 M re, * 1 M re,
Reihe 21: 1 M li, * 4 M li, 1 U, 3 M li, 1 U, 5 M li, 1 U, 3 M li, 1 U, 1 M li, * 1 M li,
Reihe 22: 1 M re, * 2 M re, 3 M li zus, 7 M re, 3 M li zus, 5 M re, * 1 M re,
Reihe 23: 1 M li, * 4 M li, 1 U, 3 M li, 1 U, 5 M li, 1 U, 3 M li, 1 U, 1 M li, * 1 M li,
Reihe 24: 1 M re, * 2 M re, 3 M li zus, 7 M re, 3 M li zus, 5 M re, * 1 M re,
Reihe 25: 1 M li, * 4 M li, 1 U, 3 M li, 1 U, 5 M li, 1 U, 3 M li, 1 U, 1 M li, * 1 M li,
Reihe 26: 1 M re, * 2 M re, 3 M li zus, 7 M re, 3 M li zus, 5 M re, * 1 M re,
Reihe 27: 1 M li, * 16 M li, * 1 M li,
Reihe 28: 1 M re, * 1 M re, 3 M li zus, 5 M re, 3 M li zus, 4 M re, * 1 M re,

Belladonna

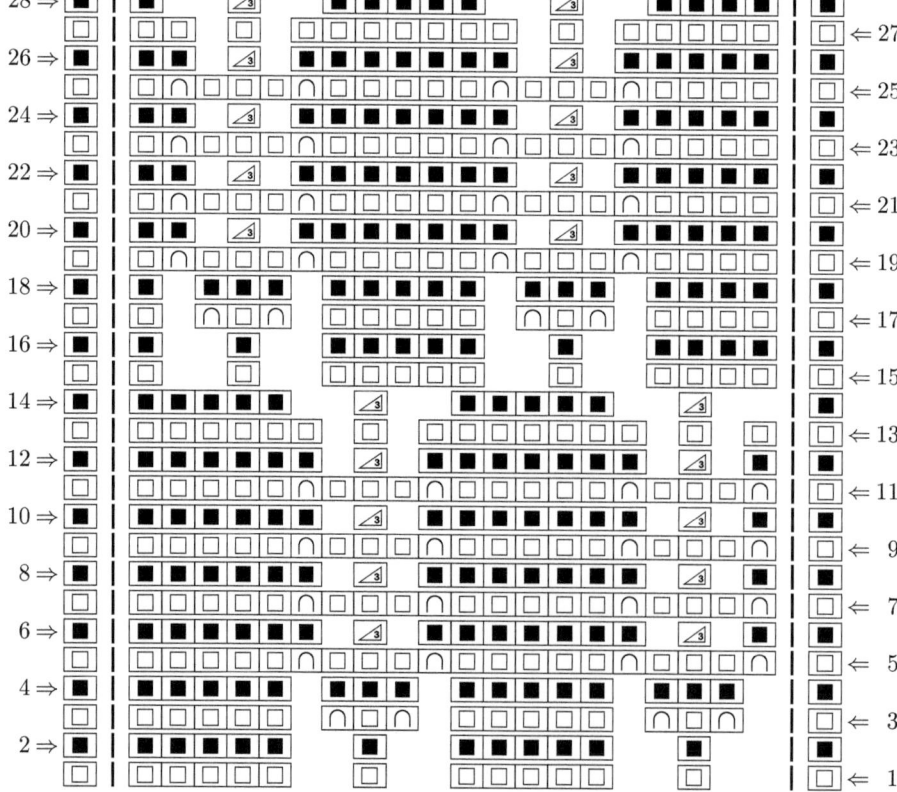

Right and wrong side rows.

General information

Design and realisation by Kristin.
For experienced knitters.
Cast on 30 stitches with needle size 4.0 mm.

Knitting instruction for stripe

Row 0: k26
from row 1: work 26 stitches within pattern
Row 505: cast off within stitch pattern

Knitting instruction for Belladonna

Row 1:   p1, * p12, * p1,
Row 2:   k1, * k12, * k1,
Row 3:   p1, * yo, p1, yo, p5, yo, p1, yo, p5, * p1,
Row 4:   k1, * k16, * k1,
Row 5:   p1, * yo, p3, yo, p5, yo, p3, yo, p5, * p1,
Row 6:   k1, * k6, p3tog, k7, p3tog, k1, * k1,
Row 7:   p1, * yo, p3, yo, p5, yo, p3, yo, p5, * p1,
Row 8:   k1, * k6, p3tog, k7, p3tog, k1, * k1,
Row 9:   p1, * yo, p3, yo, p5, yo, p3, yo, p5, * p1,
Row 10:   k1, * k6, p3tog, k7, p3tog, k1, * k1,
Row 11:   p1, * yo, p3, yo, p5, yo, p3, yo, p5, * p1,
Row 12:   k1, * k6, p3tog, k7, p3tog, k1, * k1,
Row 13:   p1, * p16, * p1,
Row 14:   k1, * k5, p3tog, k5, p3tog, * k1,
Row 15:   p1, * p12, * p1,
Row 16:   k1, * k12, * k1,
Row 17:   p1, * p4, yo, p1, yo, p5, yo, p1, yo, p1, * p1,
Row 18:   k1, * k16, * k1,
Row 19:   p1, * p4, yo, p3, yo, p5, yo, p3, yo, p1, * p1,
Row 20:   k1, * k2, p3tog, k7, p3tog, k5, * k1,
Row 21:   p1, * p4, yo, p3, yo, p5, yo, p3, yo, p1, * p1,
Row 22:   k1, * k2, p3tog, k7, p3tog, k5, * k1,
Row 23:   p1, * p4, yo, p3, yo, p5, yo, p3, yo, p1, * p1,
Row 24:   k1, * k2, p3tog, k7, p3tog, k5, * k1,
Row 25:   p1, * p4, yo, p3, yo, p5, yo, p3, yo, p1, * p1,
Row 26:   k1, * k2, p3tog, k7, p3tog, k5, * k1,
Row 27:   p1, * p16, * p1,
Row 28:   k1, * k1, p3tog, k5, p3tog, k4, * k1,

Klettersteig   Via Ferrata

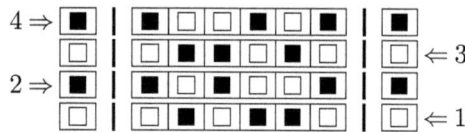

Hin- und Rückreihen. *Right and wrong side rows.*

Allgemeines

Entwurf und Ausführung von Kristin.
Für Anfänger.
18 Maschen mit Nadelstärke 4,5 anschlagen.

Strickanleitung Streifen

Reihe 0: 1 M re, * 1 M re, 2 M li, 1 M re, 1 M li, 1 M re, * 1 M re
ab Reihe 1: 14 Maschen im Muster stricken
Reihe 465: alle Maschen im Muster abketten

Strickanleitung Klettersteig

Reihe 1: 1 M li, * 1 M li, 2 M re, 1 M li, 1 M re, 1 M li, * 1 M li,
Reihe 2: 1 M re, * 1 M re, 1 M li, 1 M re, 2 M li, 1 M re, * 1 M re,
Reihe 3: 1 M li, * 1 M li, 1 M re, 1 M li, 2 M re, 1 M li, * 1 M li,
Reihe 4: 1 M re, * 1 M re, 2 M li, 1 M re, 1 M li, 1 M re, * 1 M re,

---

General information

Design and realisation by Kristin.
For beginners.
Cast on 18 stitches with needle size 4.5 mm.

Knitting instruction for stripe

Row 0: 1k, * 1k, 2p, 1k, 1p, 1k, * 1k
from row 1: work 14 stitches within pattern
Row 465: cast off within stitch pattern

Knitting instruction for Via Ferrata

Row 1: p1, * p1, k2, p1, k1, p1, * p1,
Row 2: k1, * k1, p1, k1, p2, k1, * k1,
Row 3: p1, * p1, k1, p1, k2, p1, * p1,
Row 4: k1, * k1, p2, k1, p1, k1, * k1,

Große Silberschlange

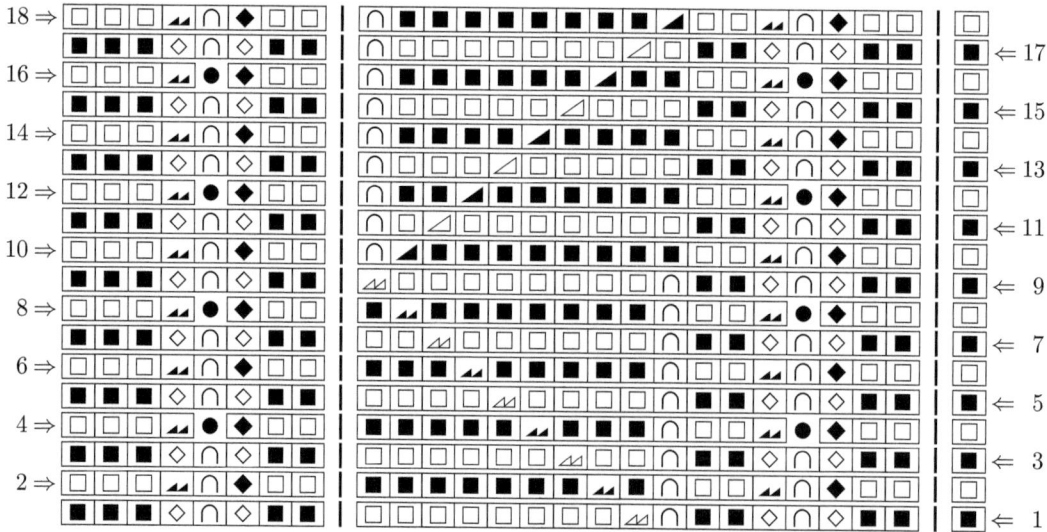

Hin- und Rückreihen.

Allgemeines

Entwurf und Ausführung von Claudia.
Für erfahrene Stricker.
44 Maschen mit Nadelstärke 4,5 anschlagen.

Strickanleitung Streifen

Das Muster beginnt mit einer Rückreihe.
ab Reihe 1: 40 Maschen im Muster stricken
Reihe 481: alle Maschen im Muster abketten

Strickanleitung Große Silberschlange

Reihe 1: 1 M re, * 2 M re, 1 M li vs, 1 U, 1 M li vs, 2 M re, 1 U, 2 M li vs üz zus, 8 M li, * 2 M re, 1 M li vs, 1 U, 1 M li vs, 3 M re,

Reihe 2: 3 M li, 2 M re vs zus, 1 U, 1 M re vs, 2 M li, * 7 M re, 2 M re vs zus, 1 M re, 1 U, 2 M li, 2 M re vs zus, 1 U, 1 M re vs, 2 M li, * 1 M li,

Reihe 3: 1 M re, * 2 M re, 1 M li vs, 1 U, 1 M li vs, 2 M re, 1 U, 2 M li, 2 M li vs üz zus, 6 M li, * 2 M re, 1 M li vs, 1 U, 1 M li vs, 3 M re,

Reihe 4: 3 M li, 2 M re vs zus, Steg im Lochrand, 1 M re vs, 2 M li, * 5 M re, 2 M re vs zus, 3 M re, 1 U, 2 M li, 2 M re vs zus, Steg im Lochrand, 1 M re vs, 2 M li, * 1 M li,

Reihe 5: 1 M re, * 2 M re, 1 M li vs, 1 U, 1 M li vs, 2 M re, 1 U, 4 M li, 2 M li vs üz zus, 4 M li, * 2 M re, 1 M li vs, 1 U, 1 M li vs, 3 M re,

Reihe 6: 3 M li, 2 M re vs zus, 1 U, 1 M re vs, 2 M li, * 3 M re, 2 M re vs zus, 5 M re, 1 U, 2 M li, 2 M re vs zus, 1 U, 1 M re vs, 2 M li, * 1 M li,

Reihe 7: 1 M re, * 2 M re, 1 M li vs, 1 U, 1 M li vs, 2 M re, 1 U, 6 M li, 2 M li vs üz zus, 2 M li, * 2 M re, 1 M li vs, 1 U, 1 M li vs, 3 M re,

Reihe 8: 3 M li, 2 M re vs zus, Steg im Lochrand, 1 M re vs, 2 M li, * 1 M re, 2 M re vs zus, 7 M re, 1 U, 2 M li, 2 M re vs zus, Steg im Lochrand, 1 M re vs, 2 M li, * 1 M li,

Reihe 9: 1 M re, * 2 M re, 1 M li vs, 1 U, 1 M li vs, 2 M re, 1 U, 8 M li, 2 M li vs üz zus, * 2 M re, 1 M li vs, 1 U, 1 M li vs, 3 M re,

Reihe 10: 3 M li, 2 M re vs zus, 1 U, 1 M re vs, 2 M li, * 1 U, 2 M re zus, 8 M re, 2 M li, 2 M re vs zus, 1 U, 1 M re vs, 2 M li, * 1 M li,

Reihe 11: 1 M re, * 2 M re, 1 M li vs, 1 U, 1 M li vs, 2 M re, 7 M li, 2 M li zus, 1 M li, 1 U, * 2 M re, 1 M li vs, 1 U, 1 M li vs, 3 M re,

Reihe 12: 3 M li, 2 M re vs zus, Steg im Lochrand, 1 M re vs, 2 M li, * 1 U, 2 M re, 2 M re zus, 6 M re, 2 M li, 2 M re vs zus, Steg im Lochrand, 1 M re vs, 2 M li, * 1 M li,

Reihe 13: 1 M re, * 2 M re, 1 M li vs, 1 U, 1 M li vs, 2 M re, 5 M li, 2 M li zus, 3 M li, 1 U, * 2 M re, 1 M li vs, 1 U, 1 M li vs, 3 M re,

Reihe 14: 3 M li, 2 M re vs zus, 1 U, 1 M re vs, 2 M li, * 1 U, 4 M re, 2 M re zus, 4 M re, 2 M li, 2 M re vs zus, 1 U, 1 M re vs, 2 M li, * 1 M li,

Reihe 15: 1 M re, * 2 M re, 1 M li vs, 1 U, 1 M li vs, 2 M re, 3 M li, 2 M li zus, 5 M li, 1 U, * 2 M re, 1 M li vs, 1 U, 1 M li vs, 3 M re,

Reihe 16: 3 M li, 2 M re vs zus, Steg im Lochrand, 1 M re vs, 2 M li, * 1 U, 6 M re, 2 M re zus, 2 M re, 2 M li, 2 M re vs zus, Steg im Lochrand, 1 M re vs, 2 M li, * 1 M li,

Reihe 17: 1 M re, * 2 M re, 1 M li vs, 1 U, 1 M li vs, 2 M re, 1 M li, 2 M li zus, 7 M li, 1 U, * 2 M re, 1 M li vs, 1 U, 1 M li vs, 3 M re,

Reihe 18: 3 M li, 2 M re vs zus, 1 U, 1 M re vs, 2 M li, * 1 U, 8 M re, 2 M re zus, 2 M li, 2 M re vs zus, 1 U, 1 M re vs, 2 M li, * 1 M li,

Anleitung zum Stricken des Stegs im Lochrand

- Die Umschläge ⌒ des Durchbruchmusters recht breit ziehen und bei der nächsten Reihe immer auf der Nadel behalten. In jeder 4. Reihe bei ● die Aufschläge von den 3 Reihen herabwerfen, von der Rückseite unter dieselben hineinstechen,

- den Faden wie bei einer Linksmasche holen

- und dann durchziehen, so dass es eine Masche wird

- nun diese auf die linke Nadel heben und mit der nächsten verschränkten Masche rechts verschränkt zusammenstricken.

Large Silver Serpent

Right and wrong side rows.

General information

Design and realisation by Claudia.
For experienced knitters.
Cast on 44 stitches with needle size 4.5 mm.

Knitting instruction for stripe

First row is on the wrong side!
from row 1: work 40 stitches within pattern
Row 481: cast off within stitch pattern

Knitting instruction for Large Silver Serpent

Row 1: k1, * k2, p1tbl, yo, p1tbl, k2, yo, sl1 sl1 ptog, p8, * k2, p1tbl, yo, p1tbl, k3,

Row 2: p3, sl1 sl1 ktog, yo, k1tbl, p2, * k7, sl1 sl1 ktog, k1, yo, p2, sl1 sl1 ktog, yo, k1tbl, p2, * p1,

Row 3: k1, * k2, p1tbl, yo, p1tbl, k2, yo, p2, sl1 sl1 ptog, p6, * k2, p1tbl, yo, p1tbl, k3,

Row 4: p3, sl1 sl1 ktog, bridging for the hole rim, k1tbl, p2, * k5, sl1 sl1 ktog, k3, yo, p2, sl1 sl1 ktog, bridging for the hole rim, k1tbl, p2, * p1,

Row 5: k1, * k2, p1tbl, yo, p1tbl, k2, yo, p4, sl1 sl1 ptog, p4, * k2, p1tbl, yo, p1tbl, k3,

Row 6: p3, sl1 sl1 ktog, yo, k1tbl, p2, * k3, sl1 sl1 ktog, k5, yo, p2, sl1 sl1 ktog, yo, k1tbl, p2, * p1,

Row 7: k1, * k2, p1tbl, yo, p1tbl, k2, yo, p6, sl1 sl1 ptog, p2, * k2, p1tbl, yo, p1tbl, k3,

Row 8: p3, sl1 sl1 ktog, bridging for the hole rim, k1tbl, p2, * k1, sl1 sl1 ktog, k7, yo, p2, sl1 sl1 ktog, bridging for the hole rim, k1tbl, p2, * p1,

Row 9: k1, * k2, p1tbl, yo, p1tbl, k2, yo, p8, sl1 sl1 ptog, * k2, p1tbl, yo, p1tbl, k3,

Row 10: p3, sl1 sl1 ktog, yo, k1tbl, p2, * yo, k2tog, k8, p2, sl1 sl1 ktog, yo, k1tbl, p2, * p1,

Row 11: k1, * k2, p1tbl, yo, p1tbl, k2, p7, p2tog, p1, yo, * k2, p1tbl, yo, p1tbl, k3,

Row 12: p3, sl1 sl1 ktog, bridging for the hole rim, k1tbl, p2, * yo, k2, k2tog, k6, p2, sl1 sl1 ktog, bridging for the hole rim, k1tbl, p2, * p1,

Row 13: k1, * k2, p1tbl, yo, p1tbl, k2, p5, p2tog, p3, yo, * k2, p1tbl, yo, p1tbl, k3,

Row 14: p3, sl1 sl1 ktog, yo, k1tbl, p2, * yo, k4, k2tog, k4, p2, sl1 sl1 ktog, yo, k1tbl, p2, * p1,

Row 15: k1, * k2, p1tbl, yo, p1tbl, k2, p3, p2tog, p5, yo, * k2, p1tbl, yo, p1tbl, k3,

Row 16: p3, sl1 sl1 ktog, bridging for the hole rim, k1tbl, p2, * yo, k6, k2tog, k2, p2, sl1 sl1 ktog, bridging for the hole rim, k1tbl, p2, * p1,

Row 17: k1, * k2, p1tbl, yo, p1tbl, k2, p1, p2tog, p7, yo, * k2, p1tbl, yo, p1tbl, k3,

Row 18: p3, sl1 sl1 ktog, yo, k1tbl, p2, * yo, k8, k2tog, p2, sl1 sl1 ktog, yo, k1tbl, p2, * p1,

Instruction to knit the bridging for the hole rim

- Pull the yarn overs ⌐∩⌐ of the openwork pattern quite wide and keep them on the needle for the next row. In every 4th row drop the yarn overs at the ● of the three rows below and insert needle below the yarn overs from the back,

- pick up the thread as you would for a purl stitch

- and pull through so that it becomes one stitch.

- now lift this onto the left needle and knit it together with the next stitch through the back loop.

Literaturverzeichnis
References

[1] Eichenseer, Erika und Erika Grill: *Lorbeerblatt und Zwetschgenkern - Alte Strickmuster aus der Oberpfalz und dem Egerland.* Buchverlag der mittelbayerischen Zeitung Regensburg. Zu beziehen über: Oberpfälzer Freilandmuseum Neusath-Perschen, Neusath 200, D-92507 Nabburg, 1983.

[2] Eichenseer, Erika, Erika Grill und Betta Krön: *Großmutters Strickgeheimnisse - 200 bezaubernde Muster.* Rosenheimer Verlagshaus, Rosenheim, 2000.

[3] Fanderl, Lisl: *Bäuerliches Stricken, Band 1 - Alte Muster aus dem alpenländischen Raum.* Rosenheimer Verlagshaus, Rosenheim, 2000.

[4] Fanderl, Lisl: *Bäuerliches Stricken, Band 2 - Strümpfe, Jacken, Westen nach alten Mustern aus Museen und Privatbesitz.* Rosenheimer Verlagshaus, Rosenheim, 2000.

[5] Fanderl, Lisl: *Bäuerliches Stricken, Band 3 - 165 Muster aus Bauern- und Bürgerhäusern.* Rosenheimer Verlagshaus, Rosenheim, 2000.